A ESCOLHA
OS DIÁRIOS PERDIDOS DA RAINHA ESTER

AMORES PERDIDOS DA BÍBLIA

GINGER GARRETT

A ESCOLHA

OS DIÁRIOS PERDIDOS DA RAINHA ESTER

AMORES PERDIDOS DA BÍBLIA

Ágape

São Paulo, 2016

A escolha: os diários perdidos da rainha Ester
Chosen

COORDENAÇÃO EDITORIAL
Rebeca Lacerda

TRADUÇÃO
Tássia Carvalho

PREPARAÇÃO
Patrícia Murari

REVISÃO
Fernanda Guerriero Antunes

CAPA
Dimitry Uziel

DIAGRAMAÇÃO
Larissa Caldin

GERENTE EDITORIAL
Lindsay Gois

EDITORIAL
João Paulo Putini
Nair Ferraz
Rebeca Lacerda
Vitor Donofrio

GERENTE DE AQUISIÇÕES
Renata de Mello do Vale

ASSISTENTE DE AQUISIÇÕES
Acácio Alves

AUXILIAR DE PRODUÇÃO
Emilly Reis

Texto de acordo com as normas do Novo Acordo Ortográfico da Língua Portuguesa (1990), em vigor desde 1º de janeiro de 2009.

Todas as citações bíblicas foram extraídas da Bíblia Sagrada. Nova Versão Internacional. São Paulo: Editora Vida, 2001.

Dados Internacionais de Catalogação na Publicação (CIP)
(Câmara Brasileira do Livro, SP, Brasil)

Garret, Ginger, 1968
A escolha: os diários perdidos da rainha Ester / Ginger Garret; tradução Tássia Carvalho. - - Barueri, SP: Editora Ágape, 2016. - - (Amores perdidos da Bíblia ; livro 1)

Título original: Chosen : the lost diaries of Queen Esther

1. Ester, Rainha da Pérsia - Ficção 2. Ficção cristã 3. Mulheres na Bíblia - Ficção I. Título. II. Série.

16-01122 CDD-813

Índice para catálogo sistemático:
1. Ficção cristã : Literatura norte-americana 813

EDITORA ÁGAPE LTDA.
Alameda Araguaia, 2190 – Bloco A – 11º andar – Conjunto 1112
CEP 06455-000 – Alphaville Industrial, Barueri – SP – Brasil
Tel.: (11) 3699-7107 | Fax: (11) 3699-7323
www.editoraagape.com.br | atendimento@agape.com.br

Agradecimentos

Muitas pessoas contribuíram com o esforço de trazer os diários ao público: além da equipe da David C. Cook, queremos agradecer a Rachelle Gardner, Nicci Jordan Hubert e Andrea Christian. Um painel consultivo foi criado com Dale Slaton e Sherrill McCracken como primeiros leitores, e incluiu vários colaboradores. Para todos os que colaboraram com o *insight* ou a experiência, obrigada.

NOTA PARA O LEITOR

Os diários, aqui reproduzidos na sua totalidade, foram datados usando um calendário babilônico antigo. Essa explicação deve ser dada para que o leitor moderno não se confunda. Três datas, incluídas na parte superior de cada capítulo, referem-se a: mês, ano do reinado do rei e ano após a criação. Calendários antigos, é claro, não incluem os marcadores "a.C.", "AD", "AEC" ou "CE".* O "número de anos após a criação" foi apenas uma estimativa aproximada estabelecida pelos primeiros sacerdotes judeus, utilizando datas históricas fundamentais que constam nas primeiras Escrituras inspiradas.

Os meses foram os lunares. Ao primeiro relato de duas testemunhas confiáveis de que uma lua cheia havia nascido, o primeiro dia do mês seguinte foi proclamado. Os meses correspondem aproximadamente ao nosso, embora o Ano Novo tenha se iniciado mais tarde:

Nisan – abril
Iyyar – maio
Sivan – junho
Tammuz – julho
Av – agosto

* Para melhor compreensão: a.C. – antes de Cristo; AD – Anno Domini (no ano do Senhor; nos dias de Cristo), ou Era Cristã; AEC (em inglês, BCE) – Antes da Era Comum (antes da Era Cristã); EC (em inglês, CE) – Era Comum, ou Era Cristã. (N.T.)

Elul – setembro
Tishri – outubro
Kheshvan – novembro
Kislev – dezembro
Tevet – janeiro
Shevat – fevereiro
Adar – março
Adar II – ano bissexto, ocorrendo aproximadamente a cada três anos

Além de compreender esse sistema de datação, chamamos sua atenção para as características especiais que foram acrescentadas para estudo posterior e em caso de interesse pelo tema. A Autoridade de Antiguidades Persa generosamente nos permitiu incluir relatos e comentários acadêmicos em um anexo para os diários. Esperamos que isso permita a você, leitor, contextualizar melhor esses diários no universo de Ester, e no seu próprio. Nós indicamos esses elementos em nota de rodapé para direcioná-lo ao artigo correspondente no anexo.

Introdução

Em setembro de 1939, Hitler inicia um ataque à Polônia, sem ter sido provocado, e começa o seu reinado de terror. Sua primeira declaração pública após a invasão fecha todas as sinagogas, exatamente no primeiro dia da celebração do Purim, feriado judaico que celebra o heroísmo de uma mulher, Ester, e seu triunfo contra o mal do genocídio judeu. Hitler estava preparando o terrível extermínio dos prisioneiros judeus, e o Purim lhes daria uma extraordinária esperança de que a coragem até mesmo de uma mulher fosse suficiente para detê-lo.

Os homens de Hitler correram contra o tempo para destruir as sinagogas e apagar da memória de cada judeu a comemoração do Purim.

– Se a Alemanha não for vitoriosa – Hitler gritou aos seus homens –, os judeus poderão comemorar uma segunda triunfante festa do Purim!

Mesmo odiando toda uma raça, Hitler temia que a lembrança longínqua de uma mulher ameaçasse o regime sangrento dele. Quem foi essa mulher que deteve um louco? Será que ainda hoje ela clamaria por seu povo através dos séculos?

Do THEARTNEWSPAPER.COM
Edição internacional

MERCADOS DE LONDRES E PARIS INUNDADOS COM ANTIGUIDADES IRANIANAS SAQUEADAS

Relato sobre a descoberta de janeiro de 2001

POR EDEK OSSER*

JIROFT, IRAN. Em janeiro de 2001, um grupo de iranianos de Jiroft, na província sudoeste de Kerman, tropeçou em um túmulo antigo. Dentro, eles encontraram um tesouro de objetos decorados com gravuras bastante peculiares de animais, figuras mitológicas e motivos arquitetônicos.

Eles não perceberam na época, mas haviam acabado de fazer uma das mais notáveis descobertas arqueológicas dos últimos anos.

Algumas semanas após a descoberta, autoridades do Ministério da Cultura do Irã, em número bem menor do que a população local, assistiam desesperadas a milhares cavando sistematicamente a área. Os moradores improvisaram um sistema, ainda que altamente organizado, para gerenciar o saque: a cada família foi atribuído um lote igual, de seis metros, para escavar.

Essa pilhagem organizada prosseguiu durante um ano inteiro. Dezenas de túmulos foram descobertos, alguns com até sessenta objetos, e milhares de peças antigas foram removidas.

---

* Queremos agradecer ao *Art Newspaper*, edição internacional, a gentil permissão para usar esse trecho.

GUERRA AO TERROR REIVINDICA VÍTIMAS ACIDENTAIS

FEVEREIRO DE 2003

A guerra ao terror está devastando a arqueologia em todo o Oriente Médio, ameaçando os sítios mais antigos, por meio de bombas e pela ação de saqueadores. No mundo todo, arqueólogos de variados credos e ideologias políticas se unem para proteger os sítios mais valiosos.

"Nesses sítios há artefatos históricos que remontam a 5.500 anos", diz um especialista que estava lutando para proteger uma sepultura antiga já danificada pelos saqueadores. Enquanto ele a vigiava, uma criança peneirava uma pilha de lixo, à procura de pequenas descobertas deixadas pelos saqueadores profissionais.

A guerra contra o terror, embora talvez esteja tornando o mundo um lugar mais seguro, está destruindo o registro escrito da civilização. O que as bombas não destroem, a ganância o faz. Governos concentrados na eliminação de terroristas e na proteção dos civis não têm recursos adicionais para enviar guardas armados com a finalidade de proteger escavações arqueológicas conhecidas. Quando uma bomba atinge uma área e uma relíquia é descoberta nos escombros, saqueadores chegam dali a algumas horas e deixam o sítio limpo, muitas vezes vendendo os achados em leilões da Internet.

Um arqueólogo passou os últimos seis meses catalogando números de placas de veículos em vez de relíquias. Ele espera um dia não só trazer justiça ao seu país, mas também as antiguidades de volta.

"Carros e caminhões alugados pairam em torno desses sítios como urubus", diz ele, "até mesmo voltando no meio da escavação e carregando."

Arqueólogos observam, impotentes, enquanto esses "mercenários de artefatos", às vezes armados com pistolas, serram estátuas maiores para facilitar o transporte e jogam joias de ouro e cerâmica nas carrocerias dos caminhões antes de ir embora rapidamente.

E pessoas de todos os níveis de renda estão envolvendo-se. Para as famílias devastadas pela guerra, um artefato pode lhes colocar comida na mesa durante meses. Para diplomatas, um presente para a coleção de arte privada de um contribuinte pode lhes garantir apoio político e continuidade nas contribuições financeiras.

AGÊNCIA DOS EUA PARA O DESENVOLVIMENTO INTERNACIONAL

Departamento para Democracia,
Conflito e Assistência Humanitária (DCHA)

Gabinete dos EUA para assistência a
desastres no exterior (OFDA)

29 DE DEZEMBRO DE 2003

Em 26 de dezembro de 2003, às 5h27, hora local, um terremoto abalou a província de Kerman, no sudeste do Irã. De acordo com o Serviço Geológico dos Estados Unidos, o terremoto alcançou 6,6 graus na escala Richter e teve uma profundidade de 10 km. O epicentro foi perto da cidade de Bam, a 180 km a sudeste da capital da província de Kerman e a 975 km a sudeste de Teerã.

O Escritório das Nações Unidas para a Coordenação de Assuntos Humanitários (OCHA) relata que um número estimado de 100 a 120 mil pessoas vivem em Bam e em aldeias ao redor, e todas elas foram afetadas pelo terremoto.

Relatos da mídia internacional estimam que o terremoto ocasionou a morte de 20 a 30 mil pessoas.

Autoridades do Governo do Iran (GOI) avaliam que de 25 a 40 mil pessoas ficaram feridas. Relatam ainda que 80% das casas foram destruídas na região de Bam, e cerca de 70 mil moradores estão desabrigados.

PARA DIVULGAÇÃO IMEDIATA

Adquiridos diários antigos da rainha Ester

4 DE MARÇO DE 2004

Uma menina iraniana de doze anos de idade ofereceu para venda os direitos de publicação de uma caixa de antiguidades, onde estão os pergaminhos selados que acreditam ser os diários pessoais da rainha Ester, que governou na Pérsia aproximadamente entre 480 e 465 a.C.

A proprietária não vai contar como se apossou dos artefatos. Ela foi encontrada por trabalhadores humanitários, depois do terremoto de dezembro, vagando pelas ruas com a caixa e alguns pertences. Entendeu-se que a família da menina foi morta em função do terremoto, e ela estava tentando vender a caixa para pagar o transporte para outra cidade, onde viveria com parentes.

Os diários, cujos pergaminhos são gravados em aramaico, a língua adotada no antigo Império Persa, poderia render pelo menos 130 milhões de dólares americanos em leilão.

Embora seja difícil neste momento verificar todos os detalhes, os meios de comunicação têm relatado que a menina está vivendo com um trabalhador humanitário fora do Irã, possivelmente em Paris, e obteve sucesso com o governo anterior para colocar os pergaminhos no museu nacional do Irã. A condição foi que, em o museu adquirindo os pergaminhos, eles sejam duplicados e publicados para análise pública. A menina não só receberá todos os *royalties*, mas também reterá os direitos de todas as futuras publicações.

Prólogo

Quarto dia do mês de Av
Ano 3414 após a Criação

Se você abriu isto, você é o escolhido.

Este livro foi selado no túmulo dos anciãos da Pérsia, para nunca mais ser aberto; eu oro para que D'us* tenha colocado Seu dedo em uma nova mulher de destino, uma mulher que se levantará e mudará a nação. Mas não vamos falar de suas circunstâncias, e as muitas razões por que este livro pode ter caído em suas mãos. Não há erros com oração. Você foi realmente chamada. Se isso parece muito estranho, se você precisa olhar ao redor do cômodo e questionar se o dedo de D'us talvez tenha escorregado, se você não é uma mulher com os recursos para mudar uma nação, então se junte a mim em uma viagem. Você deve voltar comigo agora a um lugar sem esperança, uma nação que tenha se esquecido de D'us, uma menina com nada a oferecer, e sem ninguém a quem entregá-lo.

Devo me apresentar primeiro como quem realmente sou: uma judia exilada e órfã. Deram-me o nome de Hadassa, mas a opressão do exílio despojou também isso de mim: sou agora

---

* Por respeito, os judeus não escrevem o nome de Deus com todas as letras, acreditando que é santo demais para ser escrito inteiro por um ser humano. Deus é citado como "D'us" ou "YHVH".

chamada Ester,[**] para que possa me misturar com meus algozes. Meu povo, a nação hebraica, foi enviado para fora de nossa terra natal depois de uma amarga derrota em batalha. Fomos autorizados a nos instalar no reino da Pérsia, mas não nos autorizaram a realmente prosperar lá. Vivemos misturados, nossa vida preservada, mas obrigaram-nos a enterrar nossa herança e nossos costumes. Nosso coração, que apenas desejava retornar a Jerusalém, foi determinado a murchar no calor do sol da Arábia. Meu primo Mardoqueu me salvou quando eu era órfã, e nós vivemos na cidade capital de Susã, sob o reinado do rei Xerxes.[***] Mardoqueu tinha um pequeno rebanho de ovelhas do qual eu o ajudava a cuidar, e vendíamos a lã no mercado. Se os tempos eram bons, venderíamos um cordeiro para a celebração de alguém. Destinava-se sempre à comemoração dos outros. Nós apenas sobrevivíamos. Mas Mardoqueu era gentil e bom, e não fui forçada à desonra como outras órfãs que havia conhecido. Assim começa minha história, e entro nesses detalhes não por compaixão, mas para que você saiba que sou uma menina bem familiarizada com a realidade amarga. Não sou propensa à liberdade de voos de fantasia. Como posso lhe explicar o cenário da minha história? Ele certamente está muito longe de sua experiência. Mas suponho que, no futuro, as mulheres conhecerão a liberdade. E a liberdade não é uma coisa fácil de esquecer, mesmo que seja só para se distrair com a história de uma órfã.

Mas agora você precisa se esquecer disso tudo. Eu nasci em um mundo em que até as mulheres mais valentes eram

---

** O nome Ester está relacionado ao nome persa Ishtar, a deusa pagã das estrelas.

*** Ester refere-se ao rei pelo nome persa dele. Nos textos hebraicos da Antiguidade, ele também é conhecido como Assuero.

fantasmas sem rosto. Uma vez casadas, elas poderiam se aventurar fora de suas casas apenas com véus e escolta. Ninguém ainda havia libertado nossa alma. Paixão e prazer, assim como liberdade, eram domínio dos homens, e até mesmo meninas sabiam que os desejos de seu coração estariam sempre sujeitos ao desejo de um homem sedento por riqueza. Um homem chamado Péricles resumiu muito bem meu tempo em uma frase de um famoso discurso: "A maior glória de uma mulher é ser pouco falada pelos homens, estejam eles elogiando-a ou criticando-a".

Nosso papel era claro: nós devíamos ser objetos de paixão, receber a atenção de um homem em silêncio e reagir apenas somando filhos ao patrimônio. Mesmo a mulher mais poderosa do nosso tempo, a bela rainha Vasti, não tinha poder. Esse era o meu futuro como mulher, e eu não ousava erguer os olhos acima desse horizonte. É assim que entro nesta história. No entanto, dê-me sua mão e vamos caminhar para trás agora, passar pelas paredes em ruínas da história até este mundo esquecido, mas um tempo ainda lembrado. Permita-me contar a história de uma menina limitada, mergulhada em angústia e caos, que iria salvar uma nação.

Meu nome é Ester, e serei rainha.

1

Décimo primeiro dia de Shevat
Terceiro ano do reinado de Xerxes
Ano 3394 após a Criação

Hoje despertei completamente, ou só agora comecei a sonhar? Hoje Ciro me viu regatear suavemente no mercado com minha lojista favorita, Shethana, o preço de um velo. Shethana faz os mais adoráveis tapetes – acho que eles são ainda mais encantadores do que os importados do Leste –, e seu marido é conhecido pela habilidade em trabalhar com metais de todos os tipos. No ano passado, quando completei quinze anos, ele confeccionou e me deu um colar com várias argolas no centro, pintadas em diferentes tons de azul. Ele diz que a incrustação de cores em formas metálicas é uma arte praticada no Egito. Eu me sinto muito exótica com o presente e o uso quase diariamente. Sei que isso está muito perto da ousadia e Mardoqueu jamais vai permitir.

Mas, enquanto Shethana e eu discutíamos sobre o velo, ambas sorrindo porque ela sabia que eu logo iria ceder, Ciro se aproximou comendo um pão bem fininho que havia comprado de outro vendedor. Ele fez uma careta ao dar uma mordida – achei que talvez tivesse sentido um gosto muito forte de cebola –, e eu ri.

Ele riu de volta, enxugando os olhos com a jaqueta e abanando a boca e, então, ah então, seus olhos fixaram-se nos meus por um momento. Tudo em meu corpo pareceu ganhar vida de repente e senti medo, pois minhas pernas não conseguiam mais ficar retas e firmes, e eu não conseguia fazer a minha boca funcionar. Shethana notou imediatamente e não escondeu o sorriso enquanto alternava o olhar entre mim e Ciro. Eu deveria ter duplicado o preço do velo vendido por ela na hora!

Ciro virou para ir embora, e tentei concentrar-me novamente na transação. Mas não conseguia encontrar os olhos de Shethana agora – eu não queria ser questionada sobre homens e casamento, pois todo mundo sabe que não tenho dote. Sonhar em conquistar Ciro seria tão tolo quanto controlar diretamente meu próprio coração. Não posso sonhar, pois isso certamente acabará comigo. E ainda assim não posso interromper esta inundação de calor que se derrama sobre mim quando ele está perto.

Eu não lhe contei a melhor parte: assim que Shethana comprou a lã e foi embora, eu me permiti fechar os olhos por um momento no calor do dia; quando os abri novamente, havia uma pequena pilha de pães fininhos em minha tenda. Olhei para todas as direções, mas não vi ninguém. Mordendo-o, cuspi e comecei a rir. Ciro tinha razão – o vendedor usou muitas cebolas chalotas amargas. O pão estava um desastre.

2

Décimo quinto dia do Nisan
Quarto ano do Reinado de Xerxes
Ano 3395 após a Criação

UMA VEZ MAIS eu posso lhe contar acontecimentos empolgantes!

Rei Xerxes proclamou uma festa que vai durar 180 dias. É para a realeza de suas províncias, cada sátrapa e governador. Claro, ninguém no mercado irá, já que todos nós somos pessoas comuns, mas a festa nos trouxe à vida. Alguns dos clientes no mercado sussurraram para mim que a festa é para dar apoio à iminente invasão da Grécia por Xerxes. A Grécia seria a joia da coroa final para a Pérsia; tudo o mais já fora conquistado. Porém, os gregos são um povo difícil de conquistar. A Pérsia tem feito tímidos progressos em certos momentos, mas jamais venceu a guerra. Os espartanos são guerreiros ferozes, mas até mesmo seus primos menos fortes, os atenienses, defenderão suas margens até a morte. Os gregos são profundamente supersticiosos, característica que os torna uma isca irresistível para os persas implacáveis. Portanto, os gregos não lutarão durante as festas religiosas, mesmo com um exército se aproximando. Sei que a Pérsia está faminta de mais terras. Nós não somos sobrecarregados pelos deuses deles e não nos importa quando atacamos. Ninguém aqui acredita que os deuses gregos influenciam nossa sorte. Assim, os homens dizem: "Deixem os gregos venerarem como devem, e nós pegaremos as terras deles, mesmo enquanto rezam dentro dos templos". Como uma judia no exílio, aqui não posso orar pela vitória de qualquer lado. Que tolice me parece eles adorarem deuses feitos de barro e pedra, quando as nossas casas são feitas de nada mais que isso!

Mas Mardoqueu me conta notícias sombrias – os anciãos judeus suspeitam que a festa está sendo feita para nos lembrar de que declararam o fim de nosso exílio já há vários anos. No entanto, ainda muitos de nós permanecemos aqui, incapazes ou relutantes em fazer a viagem de volta! Eles dizem que Xerxes e seus oficiais querem deixar claro para o reino da Pérsia que o D'us de Israel ou esqueceu Seu povo ou os abandonou na Pérsia para sempre. No entanto, não entendo por que Xerxes iria querer humilhar os judeus. Esta é uma terra de muitos deuses – certamente ninguém presta muita atenção ao D'us que os exilados ainda adoram.

Mardoqueu e seus funcionários estão observando cuidadosamente o palácio à espera de algum sinal do que está por vir. Mencionaram mais de uma vez que, talvez, o meu povo seja tomado como escravo no final das festas, quando ficará claro para todos que este D'us não reina mais no coração dos judeus aqui. Um homem assediou Mardoqueu no mercado, dizendo-lhe: "Se você escolheu a Pérsia como sua casa, deve servir a Pérsia como seu mestre". Eu afirmo que Mardoqueu compartilha os temores dos anciãos, mas não chegou a uma conclusão. "Talvez a festa seja apenas uma festa", ele diz. "Xerxes é conhecido por seus desejos." A coroa trouxe a Xerxes acesso ilimitado à comida, mulheres e guerra, e ele não se contém.

Assim, há dias assisto às caravanas percorrerem a cidade, carregadas com vinhos, pistache, tâmaras e tantas iguarias, e isso é tudo o que posso fazer enquanto engulo a minha carne de cabra salgada à noite. Eu me pergunto se Mardoqueu também anseia que um só pacote caia despercebido da caravana; mas ele está muito ocupado contando seu dinheiro do mercado. Vendemos quase todos os nossos cordeiros ao palácio, para a grande festa, com a promessa deles de dinheiro extra se entregarmos mais carnes tenras antes de a festa acabar. O comissário do palácio também viu as rosas vermelhas que crescem fora da nossa porta e perguntou a que preço eu as venderia. Determinei um preço justo. Não é um grande fardo enviar um pedaço do meu coração para o palácio. Talvez eu sinta o perfume das minhas rosas mais tarde, e elas me tragam notícias das raridades que eu estava perdendo!

3

Vigésimo dia de Tammuz
Quinto ano do reinado de Xerxes
Ano 3395 após a Criação

Hoje, no mercado, avistei Ciro movendo-se lentamente pelas barracas na companhia de seu pai e de sua mãe. Ela é uma boa cliente, que sabe escolher os melhores cortes de carne, e de vez em quando até mesmo compra uma flor das rosas que vendo. Sei que ela deve cultivar as suas próprias, mas acho que acaba comprando de mim por saber que sou órfã. Mesmo assim, não parece fazê-lo por piedade, mas como um gesto de gentileza. Esperei que ela viesse até a minha tenda; eu estava paralisada com a visão de Ciro hoje! Tinha de ficar lá e conduzir meu negócio, mas me senti desajeitada, mesmo quando não estava em movimento.

Então uma coisa estranha aconteceu, e não sei como lidar com isso. Talvez, enquanto estou escrevendo, o significado se torne claro para mim. O pai de Ciro fez a compra desta vez, e ele estava empenhado em tratar somente de negócios. Ciro ficou atrás com a mãe, mas eu podia senti-lo olhando para mim por trás das vestes dela. Tive a sensação de que estava sendo examinada por seu pai, mesmo enquanto ele inspecionava as mercadorias em minha tenda. Não sei se isso é um mau presságio ou uma pitada de alguma coisa boa por vir. O pai de Ciro não me deu pista. Ele comprou carne e saiu sem dizer nada. Notei que trocou um olhar com Mardoqueu quando meu primo se aproximou da tenda para eu descansar no almoço. Mas Mardoqueu não pôde dizer-me nada sobre o que o futuro me reserva. Eu gostaria que ele ouvisse mais a fofoca das mulheres nas tendas do mercado – pois elas saberiam o que se desenrolava. Mas as orelhas de Mardoqueu são insensíveis aos detalhes do que realmente importa na vida de uma menina.

Tento orar à noite, olhando para Jerusalém na companhia de Mardoqueu, que sussurra os textos sagrados em suas orações. Eu não oro em voz alta, mas me pergunto se o nosso D'us ouve as orações dos órfãos tão facilmente quanto ouve as orações dos grandes homens como Mardoqueu. Não me cabe sugerir, mas, se um dia eu for dada em casamento, quero que seja para um rapaz gentil e delicado como Ciro. Porém, em tudo devo permanecer em silêncio, minhas orações enviadas com olhos fechados e boca imóvel.

4

Primeiro dia de Tishri
Quinto ano do reinado de Xerxes
Ano 3396 após a Criação

Nosso novo ano está começando hoje, enquanto a grande festa do rei está quase no fim. Ele já abriu os portões do palácio para todos os homens da Pérsia chegarem e apreciarem os esplendores e os vinhos do jardim. A bela rainha Vasti abriu seu palácio também – cada mulher na província é bem-vinda. Vasti é a mulher mais linda do mundo. Ninguém pode contestar isso quando Xerxes fez sua escolha a partir de todas as nações e todas as tribos. Dizem que quem a encara perde o fôlego, e que olhar em seus olhos implica ver as safiras de toda a terra, e que os dentes dela são intermináveis fileiras de pérolas perfeitas, e que nenhum nascer do sol jamais correspondeu à gloriosa dispersão de seu longo cabelo. (Quero tanto vê-la eu mesma, para saber como ela rege à imaginação de tantos homens.)

Eu gostaria de ter idade suficiente para participar! Implorei repetidas vezes a Mardoqueu na noite passada, mas ele não quis nem ouvir falar nisso. Ele já está com raiva porque o palácio definiu a data de início de ambas as festas em nosso dia de descanso sagrado, e o palácio também mandou muitos judeus trabalharem na festa. Correu um boato em nossa aldeia de que o palácio estava usando utensílios que haviam sido roubados do nosso Templo, quando inicialmente destruído, e nunca foram devolvidos. Mas eu não acreditava nisso; quem seria tão arrojado?

– Só uma vez – implorei a Mardoqueu –, e nós poderíamos cuidar das nossas tarefas de manhã, antes de sair. – Mardoqueu fez um gesto de negação com a cabeça. – Nunca terei uma nova oportunidade de entrar no palácio da rainha! – protestei para ouvidos moucos.

Estou muito irritada com Mardoqueu, mas tudo que posso fazer é controlar minha língua, minha raiva suavizada pelo fato de que ele me salvou há muito tempo. Sei que, se não fosse por mim, Mardoqueu teria mais chance de se casar. Ele poderia poupar mais dinheiro para o dote que precisa dar e refletir mais livremente sobre seu futuro. Eu já o vi escondendo dinheiro em um frasco toda noite após o mercado. Por muito tempo, pensei que era para comprar uma noiva, mas agora suspeito de que sejam economias para um dote destinado a mim. Será que ele tem visto a troca de olhares entre mim e Ciro no mercado? Será que D'us atendeu às minhas orações por meio do meu primo?

Mardoqueu, apesar de muito bom para mim, é teimoso. Eu nunca vou conseguir fazê-lo mudar de ideia a respeito da festa da rainha.

Portanto, esta noite, deito-me na minha cama sonhando com aventuras que me foram negadas mais uma vez. Tenho de tapar meus ouvidos para o som das cítaras, dos pandeiros e das mulheres da minha aldeia rindo à medida que caminham para o palácio. Quando, Senhor, quando eu vou viver aventuras e participar de festas gloriosas? Devem todos os meus dias ser gastos com rebanhos e flores e moagem de farinha para o nosso jantar? Será que sonhar e nunca viver será o meu destino para sempre?[*]

---

* Veja comentário correspondente na página 307, "As mulheres da Bíblia: nossas irmãs, nossos eus".

5

Segundo dia de Tishri
Quinto ano do reinado de Xerxes
Ano 3396 após a Criação

Hoje faço dezesseis anos, e não deveria sequer escrever sobre os acontecimentos do dia. Se Mardoqueu achar isto, se este livro for visto por outros olhos além dos meus próprios, vou arder de vergonha. Mas, sem uma mãe, não tenho ninguém a quem contar essas coisas, e então preciso escrevê-las aqui. Uma menina não pode guardar tudo para si mesma, porque, se o fizesse, sinto que explodiria! Eu as digo a D'us nas minhas orações, e fico encorajada quando Mardoqueu coloca sua mão sobre a minha enquanto oramos juntos. Acredito cada vez mais que D'us irá curvar-se sobre nós e ouvir. Mas algumas orações permanecem silenciosas, e alguns pensamentos não devem ser compartilhados com o meu bom primo.

Ciro, embora da mesma idade que eu, comemorou sua passagem para a idade adulta quando não tinha mais do que treze anos. Os anciãos da cidade, incluindo Mardoqueu, levaram-no para as colinas, onde, conforme Mardoqueu me contou, ele caçou e matou um carneiro selvagem, e os homens se banquetearam juntos em uma fogueira, e se revezaram abençoando Ciro pelo início da jornada na idade adulta. Eu sabia desses acontecimentos apenas por meio de Mardoqueu, embora o invejasse quase doentiamente pelo privilégio de aproveitar esse tempo, e aquela refeição, com Ciro. Meu Ciro. Com certeza posso chamá-lo assim agora, pois trocamos mais do que olhares hoje! Oh, deixe-me contar-lhe o dia mais maravilhoso que uma menina já teve!

Nesta aldeia não há celebração para as meninas judias que passam para a idade adulta, mesmo todos sabendo que nos tornamos mulheres mais cedo do que os meninos se tornam homens! Então, hoje no mercado, como em todos os anos, tive de me contentar em receber muitos abraços calorosos das mulheres, e algumas bugigangas para marcar o dia. Meu coração ardia para ser recepcionada como Ciro. Estou fadada a ser sempre uma criança? Será que ninguém me aceitará como a adulta que, com certeza, sou?

Mas talvez isso signifique ser mulher, carregar essas pequenas feridas no coração e não fazer nenhuma menção a elas. Ainda assim, foi um bom dia e trouxe bons presentes. O marido de Shethana enviou uma bela gravura com a imagem do Templo que havia sido destruído antes de nosso cativeiro. Por muito tempo meu povo manteve vivo no coração o sonho de reconstruí-lo. Nunca houve tesouro maior para nós do que o sonho de reconstruir esse Templo em Jerusalém, e, apesar de fazermos nossas camas aqui nesta terra estrangeira de ouro e espadas, nós nunca realmente vivemos aqui. Eu adoro a gravura. Outros enviaram alguns doces e uma pequena jarra de água perfumada. Sei que não é tão cara como perfume de verdade, mas quem poderia sonhar que uma menina pastora e comerciante teria perfume! Água perfumada é adequada, e suficiente. Por isso, foi um belo dia. As pessoas não foram muito rápidas para regatear meus preços no mercado, e algumas pagaram até um pouquinho a mais, com um brilho nos olhos. Eu me senti amada. *Minha mãe teria ficado contente com o dia*, pensei.

Quando o sol começou a sumir no horizonte, e os vendedores guardavam suas coisas e iam embora, eu, de alguma forma, relutava em partir. Sabia que Mardoqueu estaria em casa, esperando, e compartilharíamos uma pequena refeição e os nossos melhores votos para o futuro antes de dormir, mas me sentia solitária. Talvez saudades de minha mãe e de meu pai. Todos na aldeia haviam sido muito amáveis, muito amáveis e bons, ainda que isso tenha intensificado a falta que sentia de ser amada tanto assim. Eu odiava o peso que se infiltrara em meu coração enquanto dobrava nossa tenda e retornava para casa. Quando minha garganta começou a arder e uma lágrima correu pelo meu rosto, eu sabia que era por algo mais do que as areias quentes em que estava pisando. Não conseguia erguer a cabeça em razão da tristeza de ser tão amada na aldeia... e tão só no coração.

E, então, ele estava lá. Ciro. Apenas ficou na estrada, vendo como meus pés marcavam o caminho até ele. Congelei por um momento; como era possível ficar completamente sem palavras diante de alguma coisa com que você sonhou por tanto tempo? Eu havia ensaiado um momento a sós com ele por meses, mas, agora, não sabia o que fazer. Simplesmente fiquei olhando-o. Ele sorriu e caminhou em minha direção. Quando eu ainda não conseguira encontrar minha voz, ele tomou a tenda dos meus braços e a colocou no chão. Em seguida, segurou minha mão e me levou para a montanha a oeste de nós.* Caminhamos lado a

---

* Não está clara a montanha à qual Ester estaria se referindo aqui. Susã localizava-se apenas um pouco fora da enorme cadeia montanhosa na cordilheira de Zagros, e o Irã é um país com terrenos radicais.

lado em silêncio, sua mão nunca deixando a minha, até que estávamos em um belo mirante, com vista para o palácio ao longe, e a lua subindo lentamente ao longo de seu reluzente exterior de ouro. Ciro me virou com gentileza de frente para ele e me beijou suavemente, apenas uma vez, nos lábios. Eu nunca havia sido beijada na boca. Foi tão doce, tão suave, e pôs um fogo inesperado em meu ventre. Tudo em mim parecia vivo, e eu sentia meu coração palpitando forte, e o sangue correndo em minhas veias. Mardoqueu certamente nos teria apedrejado a ambos se nos pegasse, mas eu apenas conseguia pensar no próximo beijo.

Em vez disso, Ciro falou:

– Os anciãos têm falado com meu pai. Disseram-me que planeje meu futuro. – Ele olhou para a noite antes de continuar: – Em um ano, tomarei uma esposa. E não consigo pensar em ninguém além de você, Ester.

Eu não podia acreditar em meus ouvidos. Era como se meu coração tivesse escrito as palavras dele.

Ciro franziu a testa e olhou-me com gravidade.

– Sei que você não tem nenhum dote, e apesar de Mardoqueu ser altamente respeitado entre nosso povo, meu pai respeita ouro acima de tudo. Ainda não sei como poderemos ficar juntos, Ester, mas sei que você não será levada de mim. Pelo menos não por uma questão de ouro. Prometo que estarei ao seu lado por toda a eternidade. Mas, se você se sentir de forma diferente em relação a mim, se você não pode retribuir o meu amor, diga-me agora.

Ele estava me dando uma saída cortês! Isso me fez sentir doente e zonza de uma só vez.

Enfiei minha mão de volta nas de Ciro. Coloquei a cabeça contra seu pescoço e desejei ficar ali para sempre. Ele estava tão quente, e sua pele parecia tão áspera e diferente; ele era o vinho mais inebriante que eu já havia bebido. Entendi por que algumas pessoas da vila tinham bebido dele em taças e nunca mais pararam. Existem alguns momentos que nos mudam para sempre, e alguns sabores que nunca vão deixar nossa língua. Eu estava realmente embriagada com todas essas emoções. E nunca mais seria a mesma.

Ciro sorriu enquanto me mantinha afastada dele e me levou novamente para baixo da montanha. Embora já estivesse bastante escuro agora, ele esperou atrás e me deu um cutucão em direção à estrada e à minha tenda esquecida.

– Vá agora – ele me disse. – Vá para casa e não diga nada enquanto eu resolvo isso. Não sei como acontecerá, mas tenho fé que estaremos juntos.

Então apanhei minha tenda e corri para casa. Nem mesmo sei quando ele parou de me observar e foi para sua casa. Eu sentia seus olhos observando-me durante toda a noite, em uma consciência aguda de que ele estava tão perto. Fiquei imaginando se eu parecia diferente, se o rubor ainda não havia deixado meu rosto. Mas, se o sábio e velho Mardoqueu soube que algo tinha mudado em mim, nada comentou. Ele culpou minha distração e meu atraso à emoção de chegar aos dezesseis anos, e às bugigangas que eu tinha recebido durante todo o meu dia. Oh, mas, Mardoqueu, se eu pudesse apenas lhe contar que o maior tesouro não foi o que recebi, mas o que tinha doado! Afinal, meu coração havia partido e pertencia somente a Ciro.

Lembro-me agora do que o rabino nos disse sobre a criação do mundo, sobre o desígnio para um homem e uma mulher. As Escrituras abençoadas nos dizem que, “por essa razão, a criança vai deixar seu pai e mãe, e se casar, e os dois serão um só”.

Olhei pela minha janela e soube que isso era, de alguma forma, o presente de minha mãe em meu aniversário. Ela e o meu pai tinham pesado em meu coração o dia todo, ambos tão próximos em pensamento que a ausência deles esmagara minha alma. Mas eu sabia que agora era o momento de deixá-los e tornar-me, com outro, um único ser. Inclinei-me para fora da janela e sussurrei para eles, entre as estrelas:

– Boa noite, mãe. Boa noite, pai. Sei que é a hora de deixá-los ir e abraçar meu novo amor. Vou procurá-los de novo nas margens do paraíso. Cuidem de mim enquanto construo o caminho para meu destino.

Uma estrela cadente chamou minha atenção, e chorei, e sorri.

6

Oitavo dia de Nisan
Sexto ano do reinado de Xerxes
Ano 3397 após a Criação

Mardoqueu jogou o comunicado aos meus pés enquanto eu moía nossa farinha lá fora, na pedra comunitária, a pedra de moagem que compartilhávamos com as outras casas próximas à nossa, preparando uma refeição para celebrar o Ano-Novo. Nas últimas semanas, Ciro e eu só tínhamos trocado olhares no mercado, e eu estava ansiosa para que o tempo passasse. Parei para limpar as mãos antes de pegar o comunicado.

> Por proclamação do rei, faz-se saber que a rainha Vasti foi banida de seu trono, e da presença do rei, por sua rebelião. Uma nova rainha será encontrada, uma que saiba o seu lugar e honre o rei. Faz-se saber também que, em cada casa, cada homem deve ser o senhor, e sua palavra será lei para aqueles que vivem sob o mesmo teto.

Olhei para Mardoqueu, que estava sorrindo.

– O que isso significa, primo? – perguntei-lhe.

Mardoqueu se agachou perto de mim, recuperando o comunicado da minha mão.

– Ester, durante a festa que Xerxes e Vasti ofereceram, da qual não lhe permiti participar, houve muita bebedeira e libertinagem. Xerxes mandou um recado a Vasti, dizendo-lhe que desfilasse diante de todos os homens do povo presentes no jardim. Ah, as mulheres estão sempre se metendo em problemas em um jardim, você não acha?

Revirei os olhos ante essa brincadeira tão fraca.

E então ele se aproximou e sussurrou em um tom sombrio:

– Xerxes ordenou à Vasti que aparecesse vestindo a coroa real.

– E o que há de tão terrível nisso? – perguntei.

Mardoqueu deixou as palavras em suspenso por um momento, para lhes dar eficácia.

– Ela deveria usar a coroa e nada mais – ele respondeu finalmente.

Perdi o equilíbrio e sentei-me abruptamente na areia.

Mardoqueu enrolou o comunicado e, rindo, bateu com ele em minha cabeça.

– Viu? Seu primo Mardoqueu fez bem em mantê-la em casa. Quem sabe o que mais aconteceu por lá? Vinho que flui livremente entre homens amedrontados nunca é uma boa ideia.

– Você quer dizer amedrontados por causa da guerra iminente com a Grécia? – perguntei.

Mardoqueu riu de novo.

– Pior do que isso, minha criança; eles têm medo de suas mulheres. Esses homens que sacam as espadas sem pensar duas vezes estão com medo das armas invisíveis que as mulheres deles empunham a portas fechadas! Veja, as mulheres de Atenas têm clamado pela prova da democracia do país, e assim as mulheres sob o domínio de Xerxes estão ficando inquietas também. Você tem visto que os costumes deles e os costumes desta terra são muito diferentes para as mulheres da nossa própria tradição hebraica. As mulheres aqui são conduzidas a haréns, palácios inteiros cheios de concubinas, que nunca verão a luz do dia novamente. Só podemos imaginar o que se passa dentro dos haréns. O único deus na Pérsia é o prazer, o prazer que ocorre muitas vezes à custa das mulheres.

Mardoqueu estava com uma expressão carrancuda agora. Ele não gostava de viver entre essas pessoas "sem deus", como as chamava. Achei que era uma descrição engraçada, porque eu nunca havia visto tantos deuses. Há pequenas imagens esculpidas em todos os lugares, nas casas e no mercado, nas carruagens e nos campos. Se você tiver dinheiro suficiente, pode comprar qualquer deus de que goste. Eu me perguntava por que o D'us dos hebreus nos mandaria para o exílio neste reino. Às vezes, invejava meus amigos no mercado que podiam carregar seus deuses nos bolsos. D'us pareceria mais próximo, se eu pudesse pelo menos tocá-Lo e senti-Lo. Mardoqueu diz que este é o significado da fé: enxergar sem ver, crer contra a razão de que D'us está perto, e de que Ele governa os negócios dos homens. E dos órfãos.

– Então, se Xerxes conquistar a Grécia, ele não terá uma rainha lá – especulei. – Mas onde poderá encontrar uma nova noiva?*

---

* Ver comentário correspondente na página 309 do anexo.

7

Segundo dia do mês de Sivan
Sexto ano do reinado de Xerxes
Ano 3397 após a Criação

Disponho de apenas um momento esta noite antes de Mardoqueu insistir que sopre minha vela. Precisava lhe contar, diário fiel, a terrível perda que sofremos na aldeia! Durante a noite, vários de nós perderam cordeiros para um detestável predador. Muito provavelmente um leão da montanha,* conforme Mardoqueu me disse, a julgar pelas terríveis feridas no pescoço de algumas carcaças e pelas marcas de arrastamento ao longo da areia. Esses leões gostam de matar com uma mordida no pescoço e, em seguida, levar embora a sua ceia arrastando-a. Nós perdemos só dois cordeiros, mas Mardoqueu contou que nosso vizinho perdeu muito mais. Como pode um leão ser tão faminto e tão violento? É um mistério para mim, e quero perguntar a Mardoqueu como um mundo tão repleto da graça de D'us pode ser, também, tão repleto de sua ira.

---

* No tempo de Ester, muitas espécies de grandes felinos, incluindo leões, floresceram na região.

Os aldeões, no entanto, acreditam que Lamashtu** foi o responsável pelo trabalho sangrento. Ela está irritada, eles dizem, porque as mulheres secretamente usam amuletos de Pazuzu. Desde que Xerxes ordenou a adoração a Ahura Mazda, as pessoas têm sido mais discretas na adoração a outros deuses. Enquanto isso, os aldeões acreditam que Lamashtu está com fome de crianças e, em breve, vai se cansar de nosso gado. Em breve, eles dizem, ela começará a devorar as crianças da aldeia, e nem mesmo os amuletos irão salvá-las. (Como parece simples minha própria fé agora, em comparação a esses muitos demônios guerreiros e deuses do submundo! Eu só tenho de aprender um nome, YHVH, e segui-Lo com todo o meu coração.)

As histórias da aldeia fazem Mardoqueu dar risada. Não há nenhum perigo para as crianças da aldeia, diz ele, a menos que elas adormeçam em seus afazeres!

Gostaria de lhe contar mais novidades e mais novidades de Ciro, mas a hora é tardia e ouço Mardoqueu me chamando.

– Boa noite. Ore pela segurança dos nossos rebanhos enquanto dormimos.

** Lamashtu era um demônio que comia bebês. Seu rival no submundo era Pazuzu, cuja imagem as mulheres usavam para proteger o bebê por nascer. Esse sistema de crença possibilitou que se explicassem os abortos e a taxa de mortalidade infantil elevada.

8

Décimo sexto dia do mês de Av
Sexto ano do reinado de Xerxes
Ano 3397 após a Criação

É FRUSTRANTE TER TÃO POUCO PERGAMINHO para registrar meus pensamentos. Não conheço nenhuma outra garota em Susã que pode até mesmo escrever, por isso sou muito mimada por Mardoqueu. Mas quisera eu dispor de espaço ilimitado para registrar todas as minhas aventuras no mercado! Você tem de me perdoar, diário, por tão poucas anotações. Reservo o pergaminho para acontecimentos que sonho contar a minhas próprias filhas.

Continuo a ver Ciro no mercado, mas raramente ficamos sozinhos. A mãe ou o pai dele sempre costumam fazer as compras da família, e muitas vezes preciso me contentar apenas com a troca de olhares com meu amor. Já por duas vezes nos encontramos após o encerramento das atividades no mercado e fugimos para a montanha no leste, onde tivemos um momento de paz juntos. Embora não seja realmente paz, porque tudo em mim luta ao mesmo tempo: a urgência de querer um beijo, minhas palavras despejadas muito rápido e os batimentos de meu coração saltando como um músico de rua que perde tempo nos lugares errados. Realmente, tudo em mim está errado. Suponho que, sem uma mãe para me orientar em relação ao casamento, tudo em mim deve tatear na ignorância, assim como eu.

Este ano tem passado mais lentamente que todos os outros dos meus quase dezessete anos, ainda que seja o mais emocionante. Sei que Ciro está quase na idade de tomar uma esposa. Minha única linha de ação é tornar-me uma comerciante enfadonha! Peço muito mais do que teria me atrevido a sonhar no passado – mas agora sei da minha urgente necessidade de constituir um dote. É claro, não perguntei nada sobre isso a Mardoqueu, mas eu o vejo contando moedas, sempre à noite e em segredo, e ele jamais gasta um centavo consigo mesmo.

Esta, então, é a maldição do amor: que cada momento separados seja tão lento como a mudança das estações, e cada momento juntos, tão fugaz como um sonho.

9

Vigésimo primeiro dia do mês de Kheshvan
Sexto ano do reinado de Xerxes
Ano 3397 após a Criação

Hoje foi um dia muito difícil – é uma maravilha que minhas mãos encontrem energia para despejar tinta em todos os pormenores aqui! Shethana me contou a novidade de que o pai de Ciro ia anunciar um noivado. Ninguém sabia qualquer detalhe, e Ciro não veio ao mercado com a mãe como de costume. Eu estava com medo de respirar até que soubesse, e cada negociação foi mais enlouquecedora do que a anterior, porque ninguém tinha muita informação. Claro, ninguém poderia adivinhar o desastre que este dia significaria para mim.

Então esperei. Ainda que sem ânimo até para espantar as moscas de nossas carnes, meus olhos corriam de cliente para cliente, orando por notícias, orando por alívio. Quando finalmente vi Ciro, sua expressão abatida me fez gelar sob o sol árabe. Ele caminhou diretamente para minha bancada, o que nunca teria feito no passado, e eu imaginava que coisa terrível havia mudado agora. Ele perguntou, em voz muito alta, o preço do meu cordeiro. Eu respondi, e silenciosamente ele me entregou o dinheiro. Quando me virei para embrulhar sua escolha, meus dedos se atrapalharam com a guita, e ele sussurrou entre nós:

– Encontre-me hoje à noite na montanha. – E então se foi.

Um segundo antes, eu havia orado para que as pessoas passassem em minha tenda e me dessem informações; agora, eu queria que elas fossem embora a fim de que pudesse voar para Ciro e conhecer nosso destino. As horas passavam, o sol zombando de mim enquanto se recusava a se pôr, mas finalmente o dia acabou. Dobrei minha tenda e esperei até que estivesse sozinha no mercado, quando a escondi atrás de uma pedra e corri até a montanha.

Encontrei Ciro lá, sentado e olhando na direção do palácio, que brilhava sob o sol poente como uma arca de tesouro dourada, embora esta noite parecesse espalhafatoso e intrusivo. Eu não queria quaisquer olhos em nós, nem mesmo olhos mortos de ouro e prata. Ciro parecia tenso quando se virou para mim.

– Meu pai escolheu um marido para a minha irmã – ele disse em palavras destituídas de vida, as quais, no entanto, trouxeram imediatamente vida para mim!

Não consegui evitar um sorriso e um suspiro de total alívio.

– Ciro! Eu pensei que era você o noivo. Para mim, o dia foi uma tortura sem fim! – exclamei chorando.

Mas Ciro não fez nenhum movimento para me confortar.

– Você não entende, Ester. Minha irmã não sente afeição por esse homem, mas, é claro, eles não lhe perguntaram nada. Ela o detesta. Ele é membro da família de descendentes de Agague,* um homem terrível e perverso.

---

* Os judeus e os descendentes de Agague eram inimigos antigos. Deus ordenou ao rei judeu, Saul, que matasse o rei Agague e todo seu povo em uma batalha, mas Saul poupou o rei Agague por alguns dias, com a intenção de matá-lo mais tarde. Durante esse intervalo de tempo, acredita-se que o rei Agague engravidou uma serva antes que fosse finalmente morto pelo profeta Samuel. O reino de Agague, que sempre se empenhara em exterminar os judeus, agora teria um remanescente a quem caberia continuar a vingança de sangue no Oriente Médio.

Compreendi imediatamente e franzi a testa.

– Mas um homem perverso com dinheiro.

Ciro me deu o primeiro sorriso da noite.

– Sim, um monte de dinheiro. Dizem que seu pai, além de contatos políticos, tem amigos do primeiro-ministro do rei Xerxes, e o primeiro-ministro é ele próprio um descendente de Agague. Meu pai precisa desses contatos, mas não pode pagar por isso. O dote para a minha irmã vai nos deixar com muito pouco para viver. Assim, temo que essa situação possa impelir o nosso próprio amor a uma direção indesejada.

Ciro fez uma careta; eu não saberia dizer se ele estava com raiva por sua irmã, ou triste por nós, pois cobriu os olhos com a mão e os esfregou com um dedo e também o polegar.

– O que vamos fazer, Ciro? – perguntei em voz baixa.

Ele me olhou agora e encontrou ânimo.

– Não vamos perder nosso tempo. Você deve questionar Mardoqueu sobre o dote, e eu vou impedir meu pai de escolher uma noiva para mim até que possa dizer a ele o que Mardoqueu tem para oferecer.

Ele se inclinou para mim e gentilmente levantou uma pequena flor da rocha onde se sentava. Sorrindo, estendeu-a para mim e me beijou. Seus beijos eram uma escuridão bem-vinda em que poderia me perder; nada da aldeia parecia real ou mesmo próximo. Eu sentia os lábios dele e o coração batendo, e orei para que meus olhos nunca mais se abrissem a partir desse momento, mas eles se abriram. Ah, mas eles sempre se abrem, mesmo quando estou apenas sonhando. Agora Ciro me cutucou para iniciar a minha descida de volta.

– O casamento da minha irmã será daqui a um mês. Não podemos fazer nada até então. Veja o que você consegue descobrir, e me encontre aqui, na véspera da primeira lua cheia.

Ele me soprou um beijo, e eu parti.

10

Décimo dia do mês de Kislev
Sexto ano do reinado de Xerxes
Ano 3397 após a Criação

Mardoqueu não me disse nada. Ele está tentando fazer a coisa certa; como pode saber o quão errado está fazendo tudo para mim? Não é apropriado, ele insiste, que uma garota saiba os detalhes de seu dote. O valor de um hebreu não é medido em ouro, e não devemos pensar em casamento como uma transação comercial. É um sacramento, uma criação sagrada de D'us, ele diz, e a conversa sórdida de moedas só pode conspurcar o que é sagrado. Devo ir ao mercado e voltar para casa e manter-me honrada sob todos os aspectos. Já não é bom que eu seja uma órfã, portanto não devo dar aos aldeões nenhuma outra razão para lançarem calúnias sobre mim. Mardoqueu insiste que eu não dê a ninguém a chance de soltar a língua, não importa o quanto minhas atitudes sejam inocentes. Se a aldeia coloca um valor na minha cabeça, que não seja eu a abaixar o preço.

Mardoqueu, meu velho primo! Eu não penso dessa forma, mas sei que meus amados pais pensam e por isso com prudência eu lhe obedeço. Estou totalmente perdida em relação ao que dizer a Ciro.

Tenho pensado em procurar as moedas escondidas no armário de Mardoqueu à noite, enquanto ele dorme, e contá-las, mas como vou conseguir fazer isso sem despertá-lo? Tentei fingir que dormia, enquanto ele contava, e, na escuridão, eu contei o tilintar agudo de cada moeda quando caía no pote de dinheiro. Portanto, sei o número total de moedas, mas não o valor. Ciro vai se decepcionar. Eu poderia mentir, mas a mentira seria exposta no dia de nosso casamento, o que certamente traria uma maldição sobre nossa casa.

A primeira lua cheia deve ocorrer em dois dias. Eu irei ao encontro de Ciro, e vou contar-lhe a verdade. Eu o amo, então por que não posso lhe dizer tudo exatamente como é? Não há lugar para mentiras no leito conjugal, por isso não me oferecerei a ele dessa forma. Devo dizer-lhe a verdade, expor a situação claramente e confiar em D'us para cuidar dos detalhes em aberto. Curvo-me todas as manhãs e noites em direção a Jerusalém, minhas fervorosas orações implorando uma intervenção imediata, mesmo que eu ainda minta, com as mãos viradas para cima para receber a bênção de D'us.

11

Sexto dia do mês de Tamuz
Sexto ano do reinado de Xerxes
Ano 3397 após a Criação

Como sou grata por Mardoqueu viver tão envolvido no movimento clandestino judeu. Ele está sempre escapando para reuniões secretas, discutindo a melhor forma de nos retirar do império e retornar a Jerusalém para continuar o trabalho de reconstrução do Templo. Focado em manter seus próprios segredos, ele vive cego para os meus. Hoje à noite vou me esgueirar depois do mercado e encontrar Ciro.

O casamento de sua irmã mais nova foi um triunfo, Mardoqueu me disse... O triunfo da ganância. Ele contou que ninguém acreditava que a garota sentisse pelo noivo nada além de medo e desconfiança. Não que isso importasse. O noivo estava ocupado sentindo o peso do dote, convencido de que todo o dinheiro viria acompanhado também de um corpo caloroso. O pai de Ciro quantificara o vinho com cuidado; algumas poucas pessoas beberam o bastante para ficar embriagadas, mas eram do lado do noivo, com muito a perder por se debilitar na presença desse alpinista social.

Sei, querido diário, que essa não é uma família que eu teria escolhido ao me casar, que não pareço muito sábia ferindo em palavras a mesma casa que estarei empenhada a defender. Mas é a Ciro que quero, e escolherei acreditar que D'us vai redimir seus pais no tempo certo. O rabino nos disse que D'us usa pessoas para nos aperfeiçoar, para evocar o nosso caráter maior. Estou certa de que será assim com a família de Ciro. Continuarei sua linhagem, mas eles farão meu nome ser importante. Ah! É muito divertido sonhar com isso, mesmo quando vejo o sol nascer e sei que, em breve, esta noite, estarei nos braços de Ciro, e, assim, meu futuro dará seus primeiros verdadeiros passos rumo à realização.

12

Terceiro dia do mês de Elul
Sexto ano do reinado de Xerxes
Ano 3397 após a Criação

Uma vez ouvi uma lenda de que nos grandes oceanos há monstros debaixo da serenidade das águas que podem chegar até a agarrar um homem e levá-lo para o seu destino final. Quando era uma menina, eu adorava essas histórias, pois, na segurança de nossa casa, sabia que nunca sequer veria essas águas, e nenhum monstro poderia encontrar-me na minha cama.

Agora sei muitas coisas, muitas coisas que gostaria de esquecer. Sei que monstros existem, e águas serenas podem ferver ameaçadoramente a qualquer momento.

Não sei como escrever tudo sobre esta noite, e, na verdade, não sei quem são os monstros na minha história. Mas deixe-me tentar agora.

Ciro e eu nos encontramos na montanha, e vê-lo acalmou as arestas irregulares de meu espírito mais uma vez. O mundo sempre parece muito frio até que eu sinta o calor de sua mão. Eu disse a ele o que sabia, e não era muito, é claro. Eu sabia o número de moedas, mas não o seu valor. Ciro me disse que seu pai não tinha feito menção de escolher uma noiva, mas que ele havia passado mais tempo com os descendentes de Agague. (Fiquei triste ao pensar no pai de Ciro traindo os judeus, fazendo amizade com aqueles que uma vez haviam tentado nos matar. Mas há alguns de nossa comunidade que acreditam que o ódio aos judeus vem de um passado longínquo, e que o melhor a fazer é nos misturar com eles em nossa cultura, não para mostrar as muitas distinções entre os ímpios e nosso D'us.)

A rainha Vasti, para sempre no exílio, havia concebido um herdeiro ao trono, Artaxerxes. Que homem cruel Xerxes deve ser para mandá-la embora quando ela estava com o filho dele. Mas os descendentes de Agague começaram a formar uma aliança com Vasti, visando suprir suas necessidades e cuidar da criança. Ele não representa uma ameaça ao trono – ainda –, mas mesmo agora o bebê é um poderoso aliado.

Falamos de nossos planos, ou melhor, falamos dos planos de que precisávamos, e os temores que se haviam alojado em meu peito lentamente evaporaram. Mas então, quando nos viramos para ir embora, um grito estridente soou de um ponto logo acima de nós. Eu sabia instintivamente o que meus olhos encontrariam assim que me virei. E lá estava ele, o animal que, segundo os homens judeus acreditavam, Hades havia vomitado antes que fosse confinada por D'us. Era, sem dúvida, aquele que havia matado tantos em nossos rebanhos, e diziam que tinha levado uma criança de uma aldeia no oeste. Um puma, os olhos verdes acesos de raiva e observando-nos, intrusos no reino de morte onde ele vivia. Seus músculos se moviam como areia agitando-se enquanto descia em nossa direção, rosnando e mostrando-nos as presas sujas.

Assim que Ciro fez um movimento para me empurrar para trás, o animal pulou. E o poderoso braço estendido atingiu com força Ciro, que tropeçou e caiu, rolando em direção à beira das rochas; imediatamente a fera estava em cima dele, as presas rasgando a roupa de couro grosso enquanto ele a chutava e gritava. Percebi que ela estava tentando atacar o pescoço dele. D'us devia estar na montanha também, porque eu me vi rasgando a bolsa de Ciro caída no chão perto do local onde nos encontramos. Dentro dela, a faca, a faca que os anciãos lhe deram na caçada em comemoração a seu décimo terceiro aniversário. Tinha sido suficiente para tirar a pele de um coelho, mas o que poderia fazer aqui?

Eu mergulhei a faca no grande felino, afundando-a até o pequeno cabo. O animal gritou e virou-se para mim, a faca ainda enterrada no flanco dele, ofegando pesadamente enquanto se aproximava. Vi que Ciro estava sangrando com um talho no peito, mas levantou-se e pegou uma pedra, erguendo-a por trás do felino e acertando-a na cabeça do animal, que, por um momento, perdeu o equilíbrio e ficou desorientado. Mas logo balançou a cabeça lentamente de volta para Ciro, a cortina dos lábios revelando seu drama terrível, as presas agora aguçadas para matar.

Não havia mais tempo. Com os braços estendidos, empurrei a lateral do corpo do felino. Ele tropeçou até a beirada, mas recuperou o equilíbrio, e, com um silvo rosnado baixo, continuou a rastejar em direção a Ciro para sua matança. Desesperada, respirei fundo e empurrei-o com todas as minhas forças. A perna traseira do animal foi para fora da rocha e ele silvou para mim também, mas já era tarde demais. Ciro bateu com a pedra contra a perna que estava mais próxima a ele, e o felino a afastou, rosnando. Agora, sem equilíbrio, deslizou pela beira da rocha e caiu, batendo em pedras maiores e rolando, volta sobre volta, até que finalmente se endireitou e olhou de novo para cima da montanha em nossa direção. Os olhos estavam vivos, com um fogo maligno, mas o animal se moveu para as sombras e desapareceu.

Corri para Ciro e o ajudei a se levantar.

– Você salvou minha vida – ele disse.

Acho que ele me olhou com desconfiança. Afinal, por que seria estranho uma garota conseguir enterrar uma faca, ou encontrar forças para enfrentar um inimigo? Mesmo meu querido Ciro tinha essas ideias estranhas sobre o que uma mulher é capaz de fazer. Ou talvez eu seja a estranha, por não ter me confinado lá.

Voltamos lentamente para baixo da montanha. O ferimento de Ciro não estava tão ruim quanto eu temia, mas não era isso o que drenava o sangue de seu coração, ou do meu. Ele não estava forte o bastante para caminhar sozinho até sua casa, nem eu poderia deixá-lo ao pé da montanha. Nós teríamos de ir juntos em busca de ajuda, e que história inventaríamos para encobrir nossa tolice?

Instintivamente, os nossos pés caminharam juntos em direção à casa da curandeira da aldeia. Apesar de ser uma velha debilitada, era bondosa. Há muito guardando os segredos mais preciosos do nosso povo, e há muitos anos hábil na arte da cura. Mesmo os egípcios vinham até ela quando seus curandeiros falhavam. Não nos surpreendeu, portanto, que ela tenha aberto a porta antes de nos aproximarmos o suficiente para bater.

Acomodei Ciro na cadeira, e a mulher ficou de costas para nós enquanto derramava mel em uma tigela e batia junto com ele um pedaço grosso de alecrim e outra erva que não reconheci. Ela falou enquanto trabalhava, a casa iluminada por uma única vela de cera de gordura empoleirada na pequena mesa:

– O vento da noite me disse que o grande felino estava próximo. Como seus jovens ouvidos não o ouviram também? – ela perguntou.

Nós não podíamos responder.

– Por que vocês estavam fora de suas camas numa hora dessas? – ela perguntou em voz baixa.

Ciro falou primeiro:

– Ester me encontrou hoje à noite na montanha para planejar nosso noivado. Meu pai vai escolher outra noiva, a menos que eu consiga agir primeiro. Ester estava lá contra seu bom senso, por minha súplica.

A velha olhou para mim, depois para Ciro, estudando seu ferimento e minha situação.

– Parece-me que o bom senso de Ester é mesmo bom. Como você foi mais esperta que a fera, Ester?

Ela mergulhou um pano em uma bacia de água e limpou delicadamente o ferimento de Ciro, purificando-o dos cascalhos e do mato grudados ao sangue coagulado. Ciro tentou não estremecer e, em seguida, manteve os olhos fechados.

Eu contei à curandeira o que havia acontecido, e ela balançou a cabeça.

– A felina está grávida, e está tornando-se um animal instável. Seus instintos a guiaram bem – ela me disse.

Em seguida o mel foi aplicado, e, então, a mulher enrolou várias vezes um pano limpo em volta do peito de Ciro para prender o curativo com força. Ela caminhou até a janela e levantou a cabeça para as estrelas, parecendo saborear o ar da noite.

Então se virou para nós.

– Ouvi a conversa na aldeia. O pai dele, de fato, escolheu outra noiva, e ainda não divulgou seus planos. Mas Ciro agora está em um dilema dobrado, pois deve descansar aqui esta noite até o sangramento parar. Voltarei com o pai dele daqui a pouco tempo, e como explicará a desventura desta noite sem mentir? Pense cuidadosamente no que vai dizer. Quanto a você – e nesse momento ela olhou para mim –, Mardoqueu está reunido com os mais velhos de novo, e as suas velas queimam baixo. Você poderá esconder sua tolice dele, pelo menos por esta noite.

Ciro parecia muito fraco e cansado. Eu não poderia deixá-lo enquanto a curandeira fosse procurar o pai dele. Havia tanto a explicar que tínhamos pouco a dizer um ao outro. O pai de Ciro logo entrou pela pequena porta e ficou olhando para nós. Ele não parecia preocupado com o filho, pois talvez a velha já lhe tivesse dado muitos detalhes.

– O que aconteceu? – ele perguntou.

Ciro começou a explicar sobre o felino, mas foi interrompido pelo pai:

– Seus ferimentos contam a história com bastante clareza. Quero saber sobre essa garota.

Ciro começou. Nunca fiquei tão assustada e tão orgulhosa, enquanto o ouvia explicar seus sentimentos por mim, e também seu plano de nos casarmos depois que Mardoqueu levantasse um dote significativo.

– É disso que se trata? – o pai dele perguntou, o tom de voz passando de irritado para calmo, embora, de alguma forma, eu ainda estivesse assustada. – Você acha que eu preciso desse dote para vocês ficarem juntos? Bobagem. Nós temos dinheiro bastante sem que precisemos implorar por ele para que se case. Mas devo dizer-lhe que estou surpreso com essa revelação. Eu pretendia organizar seu casamento com uma garota de outra aldeia, a filha de um financista egípcio no mercado. Ela é belíssima.

Ciro e eu trocamos olhares, e ele balançou a cabeça para o pai.

– Bem, então, o assunto está resolvido. – O pai de Ciro sorriu para nós dois. – Vamos continuar com nossa vida agora, como de costume, crianças. Esse segredo será seguro comigo. Eu só lhe peço tempo, e sua confiança. Combinarei os detalhes com Mardoqueu, mas do meu próprio jeito. Nós não devemos fazê-lo envergonhar-se por um dote tão pequeno. Se você me der tempo, darei a ele dignidade, e a você, o casamento.

Levantei-me e beijei-o na face. Ele agarrou meu braço e me olhou bem de perto, o hálito quente na minha bochecha. Havia algo com o toque de suas mãos em meu braço, como se eu pudesse senti-las movendo-se por toda parte, embora, na verdade, elas não tenham passado de um aperto. Não gostei.

– Você é realmente uma garota bonita – ele disse. – Qualquer homem seria afortunado por tê-la como dele.

Eu saí e corri pelas ruas escuras até minha casa, certificando-me de estar na cama e fingindo dormir antes que Mardoqueu voltasse.

13

Terceiro dia do mês de Tevet
Sétimo ano do reinado de Xerxes
Ano 3398 após a Criação

O GRANDE FELINO DO INFERNO HÁ MUITO JÁ SE FOI de nossa aldeia, em busca de novas vítimas para devorar. As mulheres ainda estão usando amuletos e amaldiçoando os demônios, mas elas não sabem o que espreitava a vila à noite. As conversas supersticiosas mantiveram o mercado animado por semanas, mas ele se silenciou quando uma nova sombra mais escura apareceu.

Rumores chegaram à aldeia antes dos homens do rei. Xerxes escolherá uma noiva entre seu povo! As garotas começaram febrilmente a se preparar para o dia da seleção, como se pudessem amadurecer em fruta de escolha em poucos dias. Mas em minha casa tranquila, enquanto Mardoqueu se prepara para uma reunião com os anciãos judeus, o pavor envolve meu coração, o estômago comprimindo-se a cada menção da escolha que se aproxima. *Certamente os judeus serão dispensados*, eu silenciosamente imploro que assim seja. Os mais velhos acreditam que meu povo não será muito favorecido durante a escolha, mas também não devemos interferir na vontade do rei. Nosso exílio é desonroso para os persas, e isso não recomenda uma garota. O palácio evitará a escolha de uma judia.

Mas minha mente avança para o momento em que os homens passarão por nossa aldeia. Quando seus olhos vagarem sobre cada menina, será que repousarão em mim? Sei que Ciro vai encontrar uma maneira de me resgatar desse dia. Como resolvi confiar em D'us para as questões de meu coração, oro pelo pai de Ciro, para que seu coração se volte para o seu povo e se abra para o amor do filho por esta garota. Oro para que ele mantenha a promessa que me fez, e rápido.

No entanto, o dia da seleção se aproxima. Todas as manhãs desta semana me encontraram ainda na cama, meu coração tão repleto de um medo tão amarelo e coalhado como os ovos no mercado. Embora Mardoqueu tenha me assegurado de que não serei escolhida, ouvi os rumores pela aldeia. Se uma garota é escolhida, levam-na para o palácio do rei para nunca mais voltar. O rei emitiu um decreto afirmando que as escolhidas passarão um ano preparando-se para uma noite com ele, e, depois disso, elas se tornarão suas esposas, e viverão no palácio pelo resto dos dias... ou pelo restante do reinado, o que terminar primeiro. O rei certamente dá presentes letais de casamento, para cada garota saber que morrerá quando ele morrer. Muitos reis, assim como seus nobres, não morrem de causa natural.

D'us, o Senhor permitiu que os meus pais fossem levados de mim, e eu fiquei em paz com isso. Permitirá também que minha nova vida com Ciro seja roubada? Você me livrou de uma aflição terrível e desesperadora e colocou-me aqui. Eu sei que foi Sua mão que me trouxe aqui, que me deu abrigo e conforto e cura. Você não vai agora abrir a ferida novamente, e abandonar-me ao sofrimento mais uma vez! Minhas parcas esperanças são suficientes para me sustentar; eu não me importarei com o palácio se o palácio for imposto para mim.

No entanto, sei que sou a única garota na nossa aldeia que teme a seleção. As outras enxergam apenas o alívio da labuta ao sol do deserto, para serem levadas a um palácio de luxo e indulgência, que transformará vidas humildes em realeza. É um sonho doce demais para dele acordar, elas dizem.

14

Décimo nono dia do mês de Tevet
Sétimo ano do reinado de Xerxes
Ano 3398 após a Criação

Vi Ciro no mercado hoje e não resisti: acenei-lhe para que viesse à minha tenda. Mesmo sabendo que sua mãe não aprovaria tal comportamento, sinto-me desesperada por notícias, por garantias. Ciro fez os movimentos habituais, como se estivesse examinando minhas mercadorias, mas sussurrou exatamente o que eu precisava ouvir. Ele me disse que seu pai está fazendo muitos planos, e não há necessidade de me preocupar.

– Ele me contou que haverá um futuro maravilhoso para nós dois e que temos de confiar nele. E diz que tudo será revelado no momento certo. – Ciro pareceu confiante.

Eu me senti tranquila mais uma vez.

– O dia da seleção está muito próximo, Ciro – disse-lhe enquanto embrulhava um pequeno bife seco e o entregava a ele. Mas não vou ter medo se você me disser para não ter.

Ciro pegou o bife e olhou-me com uma seriedade que me fez amá-lo ainda mais.

– Não fique com medo. Eu, Ciro, prometo a você que não seremos separados por esse rei pagão à procura de mulheres para seu harém. Nada pode tirá-la de mim. Nós ficaremos juntos.

E ele se foi. Eu me senti melhor, talvez por algumas horas, mas agora estou com medo de novo, enquanto escrevo isto, e posso ver velas acesas até tarde, com mães preparando as filhas. Minha fé é uma coisa estranha – que pode permanecer forte nesses momentos, ainda que precise ser impulsionada novamente com tanta frequência.

15

Décimo nono dia do mês de Tevet
Sétimo ano do reinado de Xerxes
Ano 3398 após a Criação

Eu gostaria de ter registrado muito mais de casa. No entanto, comecei este diário pouco antes de completar dezesseis anos, e não suspeitava que meus anos lá seriam breves. Tenho apenas dezessete anos, mas o tempo da minha juventude já deslizara pelos meus dedos enquanto eu pegava esta pena para registrar meus pensamentos triviais. Se eu ao menos soubesse o que este dia iria trazer.

Esta manhã, ouvi os cavalos batendo as patas pela aldeia, os relinchos tão poderosos e urgentes como um toque de trombetas. Olhei pela janela bem a tempo de ver um pai sair de sua casa e apresentar a filha para a inspeção. O comissário, o homem de Susã, nomeado pelo rei para escolher as mulheres, observou-a lentamente. O tipo de olhar que eu conhecia do mercado, quando um comprador não tem certeza se quer os produtos ou o preço, e o vendedor deve oferecer-lhe algum engodo.

Ao comando do pai, a menina soltou o roupão para que os homens vissem mais claramente suas formas. Em momento nenhum ela levantou os olhos da estrada de areia quando eles lhe ordenaram que subisse na carroça. Ela não disse adeus. O comissário sinalizou com a cabeça a um guarda do palácio, que colocou alguma coisa na mão do pai, que caminhou de volta até sua casa, sentindo satisfeito o peso na palma da mão. Entendi agora por que nossa aldeia abraçou o dia da seleção. Eles recebiam um preço pela noiva sem dar um dote e estavam livres de uma boca para alimentar.

Agora ouço Mardoqueu movendo-se rapidamente na sala da frente. Ele esparramou o dinheiro do mercado pela mesa, o que fez nossas escassas moedas parecerem muitas, e foi buscar seu livro de contabilidade do mercado. Então viu o meu olhar de medo e fez sinal que eu me escondesse no quarto ao lado. Eu fui. E então ouvi a voz:

– Traga a sua filha. – Era uma ordem.

– Eu não tenho filha – foi a resposta indiferente de Mardoqueu. Ouvi as moedas tilintando umas contra as outras.

Que momento estranho para contá-las, pensei.

– Ela não é sua filha, de fato, mas uma prima! – exclamou uma nova voz insistente e rancorosa, e eu a reconheci na hora: o pai de Ciro.

Então, era esse o plano! A resposta do pai para o nosso amor era engenhosa, e também evidente. Retirar-me da aldeia para que Ciro escolhesse a esposa mais adequada. Uma mulher que iria trazer mais do que apenas seu coração para o leito conjugal.

O guarda do palácio rogou novamente a Mardoqueu:

– Traga-nos sua prima, meu amigo. Você não ouviu que o rei deseja uma nova rainha?

A voz de Mardoqueu manteve-se inalterada:

– Esta menina não é do agrado do rei.

O pai de Ciro falou em uma torrente de palavras:

– Ela é a garota mais bonita da aldeia! Meu filho não fala de outra coisa! Os olhos dela são da cor das flores que florescem à noite ao longo da muralha da cidade! Os cabelos são fios torcidos de seda do Oriente! Você deve vê-la.

– Fora! – Mardoqueu falou, agora bruscamente, ordenando ao pai de Ciro que fosse embora. Então sua voz ficou baixa, enquanto falava a sós com o guarda: – Talvez, se eu fosse para a sala ao lado para consolar minha prima pela infelicidade de ser rejeitada, você encontrasse algo de valor aqui para levar ao rei em nosso nome. Ou você poderia usar para suavizar sua própria jornada.

Eu entendi agora por que Mardoqueu havia escolhido esse momento para contar o nosso dinheiro do mercado.

Não ouvi resposta alguma. O guarda entrou no quarto onde eu estava e estendeu a mão. Vê-lo no meu quarto, a armadura e a espada refletindo o sol da hora do café da manhã, foi um pesadelo do qual eu não conseguia me afastar. Fui levada, passando por Mardoqueu, até a entrada da nossa casa, onde vários homens estavam de pé com pergaminhos. O comissário, que montava um cavalo, avaliou-me de seu poleiro. Um olhar de cumplicidade passou entre ele e o guarda, e então os homens começaram a escrever.

Eu tinha sido escolhida.

Mardoqueu parecia chocado quando os guardas me encaminharam até a carroça. Ele correu para me abraçar, e, enquanto cobria meu rosto com suas lágrimas, me deu um aviso:

– Não diga a ninguém que você é judia. As marés podem, em breve, virar para o nosso povo aqui, e eu não quero que você seja atingida pela correnteza. – Em seguida, ele empurrou dois pergaminhos em minhas mãos, e eu os escondi nas vestes que usava.

Os guardas intervieram para me soltar e me forçaram para a carroça. Minha última visão foi a de Mardoqueu, chorando, na frente da minha casa. Ele não pegou o dinheiro que lhe ofereceram.

– Pegue, Mardoqueu – gritei –, porque não sabemos o que está por vir.

Como Mardoqueu não iria estender a mão, os guardas atiraram o dinheiro sob os pés dele e foram para outra casa. Os olhos de meu primo nunca deixaram os meus enquanto eu era levada para longe. Eu estava vagamente consciente dos sons de mães chorando e pais contando as moedas, enquanto mais e mais garotas eram arrebanhadas. Desceram o véu mais uma vez na carroça, e perdi de vista Mardoqueu, e minha casa, para sempre.

Dentro da carroça, algumas meninas conversavam alegremente, suas palavras tão rápidas e livres como os prazeres que, conforme descreviam, nos aguardavam. Não acreditei em muito do que elas diziam. Algumas garotas simplesmente olhavam para a frente. Outras, obviamente levadas a contragosto, foram amarradas e jogadas na parte de trás do grupo.

Uma garota muito jovem, talvez com cerca de onze ou doze anos de idade, estava chorando, apertada em um cantinho da carroça. Eu a amparei, colocando meus braços em torno dela delicadamente. Agarrada a mim, ela clamava por sua mãe. Entendi muito bem, uma vez que eu também havia chorado desse jeito, separada para sempre de minha própria mãe quando ela morreu. Não houve braços protetores naquele dia para mim; isso ocorrera semanas antes de Mardoqueu ouvir falar do desastre e vir encontrar-me.

Segurei a menina com força, deixando suas lágrimas molharem meu vestido. Eu sabia o que era chorar sozinha por uma mãe.

– Qual é seu nome? – sussurrei.

– Yoshtya – foi a resposta.

A minha expressão deve ter-lhe dito que eu nunca ouvira esse nome antes. Ela parou de chorar o tempo necessário para me explicar que recebera esse nome em homenagem ao deus do seu povo, um grande espírito que tinha salvado o mundo respondendo a 99 perguntas feitas por um demônio. Esse demônio teria destruído tudo, se não fosse a sabedoria do homônimo dela. Afaguei-lhe a mão, e ela descansou a cabeça contra mim. Eu me ressenti com o deus de Yoshtya. É fácil escapar de 99 perguntas. Eu vi muitas mais adiante.*

* Leia um trecho de um discurso do presidente George W. Bush para os Estados Unidos no anexo, página 310.

16

Vigésimo segundo dia do mês de Tevet
Sétimo ano no reinado de Xerxes
Ano 3398 após a Criação

Ao entardecer, chegamos aos portões dos jardins do rei e nos juntamos a outra carroça vinda de Persépolis para Susã.* Nossa carroça fez uma curva lenta em direção a um palácio situado em torno de um imponente éden. Aromas de jasmim e néctares celestiais e inebriantes vinham em saudação através dos véus. Nós tínhamos sido transportadas para um novo mundo, e uma nova inquietação atingiu as garotas.

A carroça rangeu e parou, e vozes baixas foram ouvidas do lado de fora. O véu foi puxado.

O que vimos nos deixou sem fôlego.

O palácio era mais esplêndido do que eu tinha ousado imaginar até mesmo do céu. A lua iluminava o brilho suave de ouro em todos os lugares – os sofás descansando embaixo de árvores

* Enquanto Susã, a aldeia de Ester, era a capital administrativa onde Xerxes e sua corte passavam os invernos, Persépolis era o grande centro social e espiritual. Construída por Dario, pai de Xerxes, abrigava um harém, o palácio do rei, um tesouro e as maiores maravilhas do mundo antigo, o portão de todas as nações e a sala do trono. Persépolis era a residência favorita do rei durante a primavera e o outono. Ambas as cidades localizavam-se onde hoje é o Irã.

preguiçosas, as urnas e as estátuas dos deuses persas, as colunas ao longo da entrada gigantesca. A ambição que ardia nos olhos das garotas brilhou com mais intensidade. Eu quase podia ver algumas delas mentalmente experimentando a coroa de rainha.

Havia uma inscrição junto à entrada principal do harém. A primeira parte foi fácil de ler de onde eu estava:

> Um grande deus é Ahura Mazda,** que criou este lugar excelente, que criou a felicidade para o homem, que atribuiu sabedoria e capacidade para o rei Xerxes.
>
> Entre e seja abençoado.

Eu só queria, nesse momento, ter Mardoqueu por perto, para ver seu próprio rosto absorvendo tudo isso. Era demais para eu acreditar, e ver, sozinha.

Uma mão quente encontrou a minha. Minha jovem companheira de viagem havia parado de chorar e agora estava tão extasiada quanto eu. Novos guardas, a quem não tínhamos visto antes, abordaram a carroça. Eles usavam armaduras que eu jamais vira, escudos grandes como minha cama, e lanças que poderiam atravessar completamente um touro. Um a um, esses guardas tiraram as garotas da carroça e as levaram pelo caminho até o pátio do palácio. Os guardas começaram a nos juntar de acordo com a província de onde vínhamos. Várias outras carroças tinham sido recentemente descarregadas. Podíamos observar as garotas espiando do interior do palácio, ou movendo-se

---

** Ahura Mazda era uma divindade pagã adorada no império e intimamente ligada à primitiva religião do zoroastrismo. Não está claro se Xerxes era um verdadeiro zoroastriano, embora ele tenha usado muitos ensinamentos e crenças da religião em obras públicas e como dirigente.

dentro dele enquanto lançavam olhares para trás para nos ver. Muitas delas, eu podia ver, carregavam pesados sacos de roupas, perfumes e adornos. Muitas haviam trazido seus deuses domésticos com elas. Ficou claro que não iriam desperdiçar essa oportunidade. Eu imaginava como seria ter uma mãe preparando você para este momento. Eu imaginava minha própria mãe. Ela teria prendido o meu cabelo e dado um tapinha no meu rosto enquanto esperávamos os guardas naquele dia, ou teria procurado assegurar que meu casamento com Ciro acontecesse rapidamente? Engoli minha inveja e tristeza quando os guardas me mostraram o lugar que deveria ocupar na fila.

Horas já haviam se passado desde que eu fora roubada de minha casa. Ciro já deve saber agora. O que ele fez quando soube? Em minha mente eu o via, de repente, vindo por cima do muro e salvando-me. Levantei a barra de minha túnica para que pudesse correr a qualquer momento. E quis guardar na memória a visão de todos esses locais para um dia contar como eram a nossos filhos, a única visão que eu tivera do excêntrico palácio antes de Ciro voltar e eu estar segura novamente. Eu o havia salvado na montanha; ele não iria fazer menos por mim aqui.

Fui colocada entre duas garotas que tinham vindo bem preparadas. O cabelo delas estava enrolado no alto da cabeça, o hálito cheirava a cravo e, mesmo sob a luz do luar, eu podia dizer que tinham sido cuidadosamente assistidas naquela manhã, a pele brilhando com óleos por sob as vestes claras. Eu também podia sentir os olhos das garotas avaliando-me e rindo em silêncio. Minha amiga inconsolável da carroça, Yoshtya, estava várias fileiras à minha frente, e virou-se para encontrar meus olhos. Ela tinha uma mãe, mas era pobre. As garotas riam dela também. Eu tentei dar-lhe um sorriso.

A garota à minha esquerda falou primeiro:

– O que vocês estavam fazendo quando foram chamadas?

Parecia mais uma chacota do que uma pergunta.

A segunda menina falou:

– É claro que ela não estava na penteadeira!

Elas abafaram as risadinhas.

Ouvi muitas outras meninas conversando também.

– De onde você é?

– A sua família conseguiu um bom valor de dote?

– O que você trouxe?

– Será que o rei vai escolher esta noite?

Enquanto as histórias circulavam, e o alarde ficava mais alto, as garotas ao meu lado sentiam-se prejudicadas por estar ao lado de uma oferenda tão sem adornos.

Finalmente ninguém mais conseguiu segurar a língua:

– Esta nem sequer tomou banho ou se vestiu para hoje! Ela acha que o rei quer uma megera para esposa! – As palavras dela eram altas e insensíveis.

– Espero voltar para casa. Claramente não pertenço a este lugar – respondi com cuidado.

Várias garotas reviraram os olhos enquanto riam, chamando a atenção dos guardas, que estavam próximos.

E, então, ele apareceu, saindo do palácio.

Seus braços e pernas eram escuros, como os pinheiros escuros das montanhas. Ele se movimentava com a graça do mar, vestido em trajes magníficos com faixas de linho e anéis de ouro. E seu rosto não era diferente, talvez, dos rostos que eu via no mercado, mas estranhamente radiante, como se a sua grande riqueza residisse no coração, e não apenas neste palácio. Assim que ele pisou o pátio do jardim, ajoelhei-me em humilde respeito. Eu jamais tinha visto um homem ou um lugar assim. Talvez ainda me mandassem de volta para casa, mas agora, de repente, orei pela graça de viver em paz, mesmo que distante, com esse grande homem. Orei para que ele perdoasse facilmente. Eu não estava preparada. Eu não era como as outras belezas na presença dele.

Ouvia as meninas ao meu lado abafando outra risadinha. Apertei bem os olhos. Teria o rei visto minha roupa surrada e meu cabelo solto?

Passos fortes e seguros silenciaram o barulho.

– Por que você ri? – a voz profunda soou calmamente entre nós.

A menina à minha esquerda respondeu primeiro:

– Ela acha que você é o rei. – Várias meninas riram alto. Meu coração disparou enquanto a perplexidade aumentava para encontrar o medo, mas eu não conseguia olhar para cima.

– E por que eu não deveria ser? – A resposta as silenciou.

Senti uma mão em meu ombro e encontrei coragem para erguer a cabeça.

– Sinto muito... – gaguejei, percebendo minhas nervosas palavras agora. – ... eu nunca... pensei que você fosse o rei. – Engoli em seco. – Por favor, sinta-se honrado pelo meu erro e perdoe à sua serva.

Ele deu um sorriso fácil.

– Eu sou Hegai, o responsável pelo harém deste palácio. Qual é o seu nome, criança?

– Sou chamada de Ester.

Hegai me analisou, e novamente meu medo cresceu.

– Por que você veio com essas roupas? Por que não fez nenhuma tentativa de agradar ao rei? – perguntou.

– Eu não deveria ter sido escolhida – respondi. – Sou apenas uma órfã que cuida de cordeiros e rosas e vende produtos no mercado. Não me querem como uma noiva em minha própria aldeia; como então eu poderia ser escolhida pelo rei? – Meu coração ficou ferido, ouvindo tais verdades em voz alta.

Se as meninas tinham motivo para rir antes, agora o tormento por parte delas seria interminável. Eu sentia que era uma tolice contar a alguém sobre Ciro, para alertá-las a respeito daquele que certamente viria em breve.

Hegai pegou minhas mãos nas dele, virando-as. Minhas palmas traziam a prova do transporte de baldes de madeira por longas distâncias todos os dias e da minha moagem, sobre pedras quentes, de trigo e cevada a fim de fazer farinha para cozinhar. Em seguida, ele correu os dedos pelo meu cabelo, esfregando partes dele entre dois dedos. E também verificou o contorno do meu rosto, virando-o para cada lado com o pulso. Então ele se inclinou para falar com privacidade:

– Tem algum defeito, criança?

Balancei a cabeça negativamente.

– Alguma vez você já se vendeu a um homem?

Minhas sobrancelhas se ergueram em surpresa, o que foi a resposta. Então, ele olhou meus seios sob as vestes, e, enquanto meu medo crescia e minhas bochechas novamente coravam de vergonha, ergueu os pergaminhos que eu havia escondido.

– O que é isto? – perguntou. – Certamente uma órfã não sabe ler nem escrever.

– Mas eu sei, amável senhor! – respondi com determinação, porque não queria que ele ficasse com os pergaminhos.

– Eu estava aprendendo com um primo, e ele passou longas horas ensinando-me essa arte. Isso me trouxe consolo em muitas noites, e, com sua permissão, senhor, será novamente o meu conforto. – Timidamente estendi a mão para ele.

Ele girou sobre os calcanhares e gritou um comando:

– Leve-a para a Câmara das Pérolas. Designe Ashtari para ela, e mais seis das nossas melhores servas. – Então se virou mais uma vez para mim e sorriu. – Vamos ver a flor que florescerá sob nosso cuidado. – E, colocando os pergaminhos de volta dentro de minhas vestes, encaminhou-me aos guardas que estavam vindo para me acompanhar.

Hegai se virou, agora para falar com todas as meninas alinhadas:

– Vocês foram trazidas esta noite para o harém do grande rei Xerxes. Meu nome é Hegai, e sou seu pai agora, sua única fonte de sustento e progresso. – Então, ele olhou abertamente para as meninas provocadoras. – Amanhã vai marcar o primeiro dia de vocês neste novo mundo. A cada uma será dado um ano de tratamentos de beleza: seis meses de limpeza e amaciamento da pele, e seis meses de cosméticos e adornos. No final do seu tempo aqui, vocês serão levadas ao rei Xerxes para o bel-prazer dele. Levarão apenas o que aprenderam aqui, mais um presente para lhe oferecer por suas boas graças, e terão apenas uma noite para satisfazê-lo. Uma de vocês, talvez, seja escolhida como a nova rainha para governar sobre todos nós. Eu as convido a pensar nessas coisas, e, enquanto meus servos as acompanham até seus aposentos, lhes desejo boa noite.

Passando por todas as meninas, levaram-me, atordoada, pelas escadas de mármore para dentro do harém do palácio. Quando passei por minha pequena companheira de viagem, ela abriu um largo sorriso para mim. Meus joelhos ficavam mais fracos a cada passo, pois, quanto mais entrava no harém, mais riquezas eu via. Agora eu sabia por que o mundo lá fora parecia tão pobre: certamente tudo de valor fora trazido para cá. Eu estava acostumada a andar descalça sobre a areia quente e endurecida para buscar nossa água; aqui cada passo era saudado por um belo mosaico de pedras preciosas e pérolas, e água fluía de uma cascata grande o suficiente para que se banhasse nela. Várias meninas descansavam em meio a brumas com servos ao seu redor, abanando-as. Pensamentos selvagens surgiram em minha cabeça. Eu queria arrancar o piso e fugir dali. Mardoqueu e eu poderíamos ser livres apenas com a riqueza do piso. Mardoqueu poderia comprar uma esposa, e eu teria um dote.

– Ashtari! – meu guia gritou. – Sua nova garota chegou!

Quando terminamos de subir a escadaria de mármore que parecia ascender ao próprio céu, uma cortina de seda se abriu lentamente e a mais linda mulher que eu já havia visto veio ao nosso encontro. Seu cabelo estava envolto em pedras preciosas que pareciam descer como uma cascata pelo corpo, invadindo o pescoço, os dedos, a cintura e até mesmo os dedos dos pés. Os lábios estavam enrubescidos em um vermelho esfumaçado, e um traço de kohl preto dava-lhe o olhar de um tigre. Ela sorriu suavemente para mim e dispensou o guarda.

Em silêncio, conduziu-me para dentro pela mão e fez um gesto para que eu me sentasse. O sofá que ela me indicou era de ouro, com cabeças de touro esculpidas em cada extremidade, almofadas de linho escarlate amarradas com cordões azuis, e com sinos ao longo da borda da capa, o que produziu uma música suave quando me sentei. O chão parecia feito de uma só pérola interminável, com pequenos arcos coloridos dourados através dele como resultado da luz filtrada por uma abertura no teto. Havia plantas de todos os tipos penduradas, algumas com frutas e outras com pequenas flores das quais gotejava néctar. Havia também uma cama coberta de tapeçarias e taças de ouro cheias de água onde flores flutuavam. Ao longo da parede de trás, potes de joias de todos os tipos e formas. A escada que levava até o quarto continuava nos conduzindo para algum lugar mais elevado.

– Meu nome é Ashtari. Você será servida por mim e pelas seis servas que escolhi. Enquanto permanecer neste harém, estará sob meus cuidados. Até você entender o nosso mundo aqui, gostaria de lhe pedir que siga plenamente meus conselhos. Não fale com ninguém além de suas servas e Hegai. – Ela olhou por cima da varanda em direção ao piso do harém. – Há mulheres lá que se puseram contra você.

– Contra mim? – perguntei.

Ashtari sorriu.

– Vamos começar.

Ela bateu palmas e seis mulheres surgiram de trás de uma cortina de seda presente em todo o cômodo. Elas assentiram para mim com sorrisos atenciosos e ficaram atrás de Ashtari, que se sentou em uma cadeira dourada com pés de cristal, colocando cuidadosamente os pés sob o corpo.

Então, gesticulou para que eu fosse até o centro do cômodo.

– Por favor, dispa-se.

Todas elas estavam ali, olhando. O sangue correu para o meu rosto. Eu fiquei em pé por um momento, esperando ter me enganado quanto à ordem. Mas o olhar frio de Ashtari, bem como o das servas que aguardavam, me disse que eu devia obedecer. Minhas mãos encontraram o cordão apertado em minhas roupas gastas, e comecei a tirá-las. (Minhas roupas estavam sujas, mas haviam sido muito úteis para a lida com os cordeiros e o calor do fogo em casa. Eu não me sentia contente com elas agora.) Eu só sentia vergonha, de pé, nua na frente dessas criaturas cheias de conforto e elegância.

– Vire, por favor – Ashtari ordenou suavemente.

Eu as ouvia sussurrando uma com a outra, e Ashtari dando instruções cuidadosas. Oh, os sussurros neste lugar! De repente, eu não queria nada mais do que me virar e correr para casa. Afinal lá, embora nada fosse meu, eu era livre. Aqui, a opulência estava em tudo à minha volta, mas eu era uma prisioneira.

Quando acabei de girar lentamente para a inspeção delas, a menor serva me pegou pela mão e me levou, ainda nua, para subir as escadas. Senti os olhos das garotas no piso principal do harém lá embaixo. E estava muito grata por não ser capaz de ouvir seus sussurros também. Elas já me odiavam, e lá estava eu, nua diante de seus olhos penetrantes. Enquanto subia, afastando-me do harém e dos sussurros e dos olhares vingativos, percebi agora que as escadas se abriam para o terraço do harém. O terraço, em si, era um jardim com uma grande banheira de um lado. As garotas me fizeram sinal para entrar e sentar-me, e começaram a derramar água sobre meus cabelos e ombros, espremendo frutas e sumos em meus cabelos e esfregando-os vigorosamente. Com uma pedra porosa esfregaram a pele áspera de minhas mãos e de meus pés. Respirei fundo, e deixei a água fazer seu trabalho de curar meu corpo exausto. Minha mente estava dispersa em tantas direções, que nem sequer tentei juntar as peças. Eu desejava ficar a sós e dormir, afastando esse pesadelo.

Ashtari veio e ficou ao lado da banheira.

– Depois que as meninas vestirem você, elas vão levá-la de volta aos seus aposentos. Será alimentada, e então irá dormir. Amanhã o nosso trabalho deve começar com determinação.

E isso aconteceu como ela disse. Talvez tudo aqui seja assim; terei de aprender mais sobre minha exótica carcereira.

Mas eu estava limpa e, felizmente, vestida, e de volta aos meus aposentos. Uma mesa baixa tinha sido trazida, e, embora houvesse nela pratos que emanavam vapor, não conseguia dizer o que havia em cada um. Afundei em uma almofada no chão e uma menina se adiantou para me servir. Gesticulei que ela se afastasse.

– Sei como comer – eu lhe disse.

Ela pareceu confusa.

– Você deve se juntar a mim? – perguntei.

Agora ela parecia chocada.

– Eu devo servi-la – ela explicou.

Quando balancei a cabeça negativamente e comecei a levantar a tampa dos pratos, ela bufou exasperada e fugiu escada abaixo. Eu estava, finalmente, sozinha, mesmo que tivesse de explicar meu comportamento a Ashtari mais tarde. A fome rasgava meu estômago, e o alívio de estar sozinha, bem como de esse dia terrível já estar no fim, me deixou inebriada com a perspectiva de ser deixada a sós com uma bandeja de comida do rei.

Levantei a tampa do recipiente mais fundo, causticado de prata. Meu nariz recuou antes de minha mente conseguir decifrar o cheiro. A sopa era uma lama verde grossa, com feijão flutuando na gordura como peixes mortos no rio, e um odor parecido. Fechei a tampa. O prato seguinte provou ser mais feliz, afinal, era arroz com um novo tipo de tempero polvilhado sobre ele, mas suave e saboroso, e familiar. O prato maior deixei para o fim; era uma enorme chapa de ouro, com uma escrita estranha ao longo das bordas, coberto por um domo de ouro incrustado com uma faixa de prata. Olhei-o um momento, decidindo se seria bom ou ruim, e levantei a tampa. Era um pernil de cordeiro temperado com especiarias e assado com limões e cebolas. Como alguma coisa poderia me fazer tão feliz e tão desesperada ao mesmo tempo? Cordeiro era o que eu vendia no mercado para festas e celebrações, e lá estava eu, sozinha, uma prisioneira cuja cela era muito cobiçada por centenas de garotas. Nunca tinha experimentado cordeiro; o preço de meu próprio era demasiado caro. Mardoqueu e eu comíamos apenas cabra e peixe.

– D'us abençoe as mãos que prepararam este prato – sussurrei –, e perdoe-me por comê-lo.

Foi delicioso. Amassei tomates no arroz, e roí o osso do cordeiro. Eu não pensaria em minha casa essa noite. Eu não poderia fazê-lo e ainda manter o apetite. Restara-me a mera força do momento desde o serviço das meninas e meu banho quente. Pensar em casa, em Ciro, me deixaria muito fraca para planejar uma fuga.

Olhei em volta da sala mais uma vez, os olhos já desprovidos de timidez. Ao longo da parede onde se acomodavam os potes de joias, havia um mural gravado em ouro, com um trançado de bronze correndo pela parte inferior. O mural contava a história dos reis antigos que haviam dominado este palácio. E os olhos mortos me observavam comer. Quem era esse rei que agora controlava toda essa riqueza? Por que ele queria tantas garotas? Meu povo se casava apenas uma vez, para toda a vida. O que poderia esse rei querer com cada uma de nós que ele não encontraria em uma única mulher?

Meu ouvido captou um barulho atrás de mim, e virei-me para ver Ashtari subindo as escadas. Ela carregava uma pequena bandeja de chá fumegante, com frutas e o que parecia pedaços de mel endurecidos. Outra serva, aquela que tinha se sentido tão ofendida com o meu comportamento no jantar, seguia por trás dela. A serva lançou-me um olhar desesperado ao limpar minha mesa e saiu. Ashtari sentou-se à minha frente, com sua bandeja entre nós.

Silenciosamente, ela nos serviu uma xícara de chá. Eu aceitei a minha. Ela sustentou o meu olhar enquanto colocou um dos pedaços curtidos de mel na boca, segurando-o entre os dentes enquanto tomava um longo gole do chá quente. Fiz igual. Era mesmo como mel, só que mais doce. O chá amargo que passou por ele tornou-se como um tônico para mim. Mais uma vez, percebi meus ombros relaxando, e respirações profundas saíram de meus pulmões.

– É o que você esperava? – Ashtari quebrou o silêncio entre nós.

– Nada é o que eu esperava. Eu só queria ficar em casa. Como a vida pode mudar de um pôr do sol para outro, de maneira tão terrível e imprevista? – Eu não revelei que era uma judia, ou uma garota já comprometida com o amor, mas não esconderia a verdade.

A expressão de Ashtari não se alterou.

– Você não é a primeira a ser trazida até aqui infeliz, e não será a última. Não somos nós que escolhemos nossas jornadas.

Então, tomamos nosso chá em silêncio.

Abaixo de nós, eu via as garotas movendo-se, espiando pela borda ornamentada perto da escadaria. Elas eram de todas as nações, e de uma beleza indescritível. Algumas usavam trajes indecentes! Apenas meras correias de moedas que sustentavam tecido frouxamente caído nos lugares mais secretos, e finos lenços cobrindo-lhe os seios também. Algumas usavam casacos de brocado densamente tecidos e calças pretas leves que brilhavam contra o rico pavimento. Algumas mantinham o cabelo solto; outras o tinham esculpidos nas formas mais maravilhosas no alto da cabeça. Mas uma mulher, movendo-se lentamente por entre elas, certamente dominava todas. Ao seu lado andava um tigre branco, preso a ela por uma pesada corrente de ouro. A mulher era uma beleza morena com cabelos pretos e lisos caindo até a cintura, na qual um manto branco se prendia com outro cordão de ouro. As outras garotas se afastavam rapidamente para fora de seu caminho. Como se ela pudesse sentir meus olhos, parou e olhou-me no meu paraíso acima de todas elas. Olhou-me e gesticulou uma série de pequenos e delicados sinais. Eu não achei que eles eram bons.

Ashtari percebeu minha expressão e olhou por cima da borda. Ela sibilou para a mulher algo em outra língua, que não reconheci, e a mulher continuou sua caminhada para outro quarto no palácio.

– Aquela era Yoon-Mai. Não deixe que ela a perturbe, mas não cruze o caminho dela se puder evitar enquanto você estiver aqui. Ela é a favorita para ser a nova rainha, e tem gosto por sangue. – Ashtari relatou tudo isso com voz calma, mas eu me sentia mais insegura com cada palavra.

Quando Ashtari se levantou para me deixar, encontrei coragem de fazer a pergunta que estava coçando no fundo de minha mente havia vários minutos:

– Ashtari, se o rei está à procura de uma menina bonita deste harém para se tornar rainha, por que não foi você mesma para ele?

Seu olhar se tornou frio, e os olhos percorreram a sala procurando as servas. Vendo que não havia nenhuma, ela se inclinou e, com o olhar ainda ao mesmo nível do meu, levantou a saia para um lado. Meu estômago embrulhou, e eu me forcei a encontrar os olhos dela mais uma vez. A carne acima da coxa direita estava roxa e deformada; cicatrizes escuras parecendo com queimaduras de sol espalhavam-se a partir da borda da ferida. Satisfeita por eu ter visto a resposta à pergunta, ela abaixou a saia e explicou em detalhes:

– Quando eu era jovem, morava com minha família junto às margens do Nilo. Um dia, ao buscar água no rio, pisei perto de uma cobra. Assim que a vi, gritei e isso assustou os animais no rio. Um animal fugindo da água pisoteou a cobra, mas, antes de morrer, ela conseguiu atacar minha coxa. Meus pais chamaram um curandeiro, um judeu, e ele trabalhou muitos dias para me salvar. E conseguiu, mas meus pais não podiam pagar seus honorários. Ele insistiu em receber o dinheiro imediatamente, dizendo que tinha de fazer uma peregrinação sagrada. Era a época dos sacrifícios judaicos, ele disse. Meus pais pediram que esperasse mais uma semana, até que fizéssemos nossa colheita, mas ele recusou. Então, a saída foi meus pais me venderem para serviço do rei e, assim, pagar os honorários do curandeiro. Portanto, eu fui poupada, mas os perdi para sempre. Não sei por que os judeus são tolerados nesta terra.

Ashtari estava olhando da varanda agora em direção ao horizonte, e imaginei se ela estava lembrando-se de sua família. Ela se virou e sorriu.

– Hegai me colocou na mais alta posição das servas a seus cuidados, pois apenas uma mulher verdadeiramente bela sabe como encontrar a beleza em outra. E vejo que ele mais uma vez escolheu excepcionalmente bem, pois você é, de fato, mais encantadora do que as outras. – Ela se inclinou para mais perto. – Todas nós ouvimos rumores de uma garota na aldeia que era mais bonita do que Vasti, embora nenhuma de nós tenha se atrevido a sonhar com isso.

Corei, sentindo-me atraiçoada pelo fato de que minha beleza tenha me levado para lugares a que eu teria resistido.

– Mas haverá muitos dias para histórias – disse Ashtari. – A minha acabou, e amanhã a sua começa para valer.[***]

*** Veja o comentário correspondente no anexo, página 312.

17

Trigésimo dia do mês de Tevet
Sétimo ano do reinado de Xerxes
Ano 3398 após a Criação

Niloufar é seu nome. Ela me disse que, quando me acordou pela manhã, sentou-se em minha cama e colocou panos quentes sobre meus olhos, inchados de tanto chorar até dormir. Niloufar é a serva cujos serviços eu desprezara no jantar no dia anterior. Claramente é uma garota que gosta de servir, e se encantou comigo como uma mãe, exceto pelo fato de Niloufar ser vários anos mais jovem do que eu. Imaginei se eu teria dito alguma coisa em meu sono; se ela estivera perto para ouvir o nome dele de meus lábios.

– Ashtari está esperando você no andar de cima, na banheira do jardim – ela disse suavemente.

No meio de panos, tentei esfregar os olhos com as costas das mãos, mas Niloufar as agarrou rapidamente.

– Você não deve esticar a pele em torno dos olhos! – advertiu-me.

Por sua expressão, entendi que ela estava surpresa com o meu erro grosseiro.

– Niloufar – suspirei –, meu povo não se preocupa muito com essas coisas. Você terá de me dar tempo para me adaptar aos seus hábitos.

Niloufar me estudou por um momento, então olhou para os meus pergaminhos em cima da mesa mais próxima da cama. Só meu diário foi deixado praticamente à vista; o outro, o escrito pela mão de Mardoqueu, estava escondido em segurança até que eu soubesse que havia chegado a hora certa de lê-lo. Ele empurrara dois rolos para mim quando fui levada. Na carroça, descobri que um era uma carta, e esperei estar completamente sozinha antes de abri-lo. O momento certo ainda não tinha chegado, já que as servas e as meninas me rondavam com a sua interminável lista de tarefas: banhos, cabelo e refeições. E, agora, sabia que mesmo o meu sono era vigiado, para que não desfizesse a magia em torno de meus olhos.

– Você é aquela que lê e escreve? – ela perguntou.

Balancei a cabeça e apertei os panos quentes contra os olhos mais uma vez. Então a ouvi pegar o pergaminho e olhar para ele. Não me preocupava que ela o lesse, porque eu já tinha adivinhado, a partir de seu tom de voz, que ela não poderia.

– Você é muito pálida para ser egípcia. Este é um pergaminho egípcio. – Ela se sentou, esperando uma explicação, embora já eu soubesse, pelo seu comportamento, que ela não tinha posição aqui para exigir uma.

– Não, Niloufar, não sou egípcia, apesar de escrever em pergaminhos muito parecidos com os que os egípcios usam. Isso porque as peles de animais, como usam os gregos, são muito preciosas na minha aldeia, e as placas de argila que outros usam são válidas para questões mais importantes do que pensamentos silenciosos de uma garota.

Niloufar pareceu satisfeita com a resposta. Ela pegou uma esponja do mar e um grande manto e me levou até o andar de cima para outro banho.

Agora foi a minha vez de fazer uma pergunta curiosa.

– Quem leva a água até o telhado, Niloufar? Deve ser uma tarefa terrivelmente árdua.

Niloufar novamente revirou os olhos. Eu poderia dizer que a paciência dela com a minha ignorância não iria durar.

– Quem já ouviu falar de transportar água? A água aqui corre das montanhas. Canais foram cortados, chamados aquedutos, e eles carregam água fresca para os palácios. – Niloufar estava contente por me dar essa informação, porque isso significava que poderia me inundar com mais perguntas dela própria. – Se você escreve – ela continuou –, também deve saber ler, talvez até mesmo livros. Ouvi dizer que um grego escreveu uma história chamada *A odisseia*. É um pouco antigo agora, mas ouvi dizer que ainda é bastante divertido. Você tem permissão para lê-lo? Poderia recitar passagens para os servos.

Eu balancei minha cabeça indicando que não tinha lido.

– Você precisa me dar detalhes sobre sua vida e seu povo. Eu vivi neste harém desde que fui desmamada – Niloufar implorou, decepcionada porque eu não seria uma fonte de entretenimento.

Parei por um momento nas escadas. O que eu poderia dizer a ela?

– O meu povo vive aqui em Susã – finalmente respondi e recomecei a nossa subida.

– Mas Susã é a capital! Como pode seu povo não conhecer os costumes locais?

Não tive tempo de responder, felizmente, já que saímos para o sol da manhã. Ashtari acenou dispensando Niloufar, que ainda me olhava desconfiada. Ashtari fez sinal para que me posicionasse diante de uma bacia. Um homem estava por perto com uma navalha. Outra mulher pairava perto dele, armada com um fio delgado que segurava entre os dentes e os dedos de uma mão.

– Você prefere raspar sua cabeça ou manter seu cabelo? – ela perguntou.

– Não! – arfei, involuntariamente agarrando as pontas dos meus cabelos.

Ashtari e o homem deram risada. Então ela levantou totalmente seus cabelos para fora da cabeça; era careca!

– É uma peruca, Ester. Meu povo usa perucas e mantém limpa a cabeça raspada. Mas vejo que não vou convertê-la a esse costume. Vamos, no entanto, começar a sua preparação para o rei, removendo todos os outros cabelos. Você ficará completamente sem cabelos, com exceção dos da cabeça, e depois será lavada mais uma vez. Nossos primeiros meses juntas consistirão apenas de preparar seu corpo para receber o toque do rei. Você vai tomar banho diariamente e ser friccionada todas as manhãs e as noites com óleo de mirra. Comerá as porções que lhe foram servidas sem questionar, pois seu corpo deve ter formas arredondadas. Só depois de sua pele ter sido suavizada e condicionada, começará a aprender as artes da sedução e apresentação. Por agora, Niloufar ficará para escoltá-la de volta para seus aposentos e lá vamos começar a cuidar de sua dieta.

Ashtari me circulou lentamente, apontando para meus braços e minhas pernas, e dando comandos para um dos eunucos.

– Você é muito magra para ser levada ao rei, sabe. Nenhum homem quer uma mulher em que encontre apenas ossos – ela me disse. – Deve comer de tudo que é posto à sua frente, Ester. Mesmo a sopa.

Ela me deu um sorriso e acenou para as servas se adiantarem e começar o processo de remoção de todos os pelos. Elas trabalharam alheias aos meus gritos de dor e de protesto. Removeram cabelos que eu nunca tinha considerado; certamente eles não seriam um incômodo para um rei que só me conheceria por uma noite. Mas nada foi poupado de atenção; para meu horror, mesmo nos lugares sagrados os pelos foram arrancados.

Olhei para trás e para a frente entre Ashtari e as servas. Eu não podia acreditar que isso estava acontecendo.

Mas estava.

18

Segundo dia do mês de Shevat
Sétimo ano do reinado de Xerxes
Ano 3398 após a Criação

Eu não sei quanto tempo vou ficar aqui, nem se serei capaz de obter mais pergaminhos. Mais uma vez, sou forçada a guardar este precioso pergaminho. Sou a única entre essas garotas que lê e escreve; todos acham que registrar meus pensamentos é um desperdício do meu precioso ano aqui. Mas estou solitária, sozinha no meio de tantas outras, e esse diário é o meu consolo. Ele compartilhou os meus segredos, e agora compartilha minhas tristezas. Nenhuma palavra veio de Ciro, ou de minha aldeia. Outras meninas recebem mensagens através de uma rede de funcionários subornados por seus pais para entregar cartas de suas casas. Mardoqueu tem tão pouco dinheiro; certamente ele não vai desperdiçá-lo no envio de cartas sobre nossos rebanhos ou minhas rosas. Sobre Ciro, ele sabia muito pouco. Como ele poderia saber quão desesperadamente eu anseio ouvir Ciro. Será que se casou como seu pai queria? Será que ele virá?

Os dias aqui passam lentamente, não como os dias no mercado. As garotas em casa se levantam cedo e correm ao nascer do sol para o mercado. Aqui, as garotas dormem até que são despertadas, e dificilmente tomam conhecimento do sol, a não ser que os servos controlem a programação do banho orientando-se por ele. Eu, entretanto, sou acordada cedo por Niloufar, que traz uma bandeja de chá e frutas, e vem outra serva atrás dela, que carrega toalhas aquecidas. Elas me apoiam suavemente em minha cama, e, entre meus goles de chá e mordidas nas frutas, aplicam toalhas aquecidas no meu rosto, peito e mãos. Esse não é um jeito ruim de acordar, confesso, mas o ritual à noite tem sido tão desagradável quanto o da manhã tem sido gentil.

Todas as noites, as servas me monopolizam e me levam para minha cama, onde sou lambuzada em óleos e cremes. Na verdade, sou embalsamada todas as noites! Existem muitos óleos que as servas usam, mas mirra é o favorito. (Uma noite, queixei-me de dor de cabeça, e as garotas prepararam um frasco onde flutuava um filhote de cobra morto junto com pétalas de rosas e óleo. Essa mistura foi aplicada às minhas têmporas. Nunca mais reclamei.) A mirra é usada no meu rosto, muitas vezes misturada com óleo de amêndoas porque a gordura permanece na pele por muito tempo. Óleo de lótus é usado no meu peito, e mirra novamente em minhas mãos e no resto do meu corpo. Então sou envolta em faixas de linho limpo e deitada de costas, com as mãos ao meu lado, durante a noite. Uma serva fica cuidando de mim para garantir que eu permaneça nessa posição, pois não devo mover as mãos no meu sono e prejudicar a ação dos óleos em meu rosto, nem me é permitido virar o corpo para não marcá-lo.

É por isso que todas as manhãs sou limpa suavemente com toalhas aquecidas para remover os óleos com que fui embalsamada na noite anterior, e embeber minha pele uma vez mais em poderes místicos. E eu entendo agora por que ouvi as garotas aqui dizerem que as servas do Leste são as preferidas, já que nenhuma serva do Egito iria nos esfregar tanto em seu zelo por limpeza. Esses fragmentos de fofocas, na maioria das vezes, chegam a mim por acidente, uma palavra falada descuidadamente alto sob a minha varanda, ou ecoam das termas abaixo. Ashtari e Hegai ainda estão mantendo-me separada das outras, embora eu deseje falar com uma menina da minha própria província. Algumas outras também são mantidas separadas; posso vê-las de meu balcão. Mas me contaram que meus aposentos são os mais cobiçados. Hegai é conhecido por escolher sabiamente, e em primeiro lugar.

Apenas Yoon-Mai se contenta em ver este sótão, e não habitar nele. Ela gosta de passear no chão e assustar as outras garotas, examinando cuidadosamente suas rivais. Há muitas servas pagas pelas pessoas de sua própria casa; ela tem boas acomodações, segundo me disseram, e prepara-se diariamente para assumir o trono. Xerxes vai manter todos os seus haréns, mesmo quando ele se casar, dizem, mas suspeito que Yoon-Mai irá desencadear uma catástrofe sobre todas nós se for feita rainha. Há duas maneiras de nos matar fácil e rapidamente, e isso nos faz, a todas, tremer durante a noite: um incêndio repentino, já que somos prisioneiras sem ter como fugir, e uma doença. As garotas inspecionadas na chegada não são escolhidas por sua beleza, mas por suas feridas e lesões, pois uma praga poderia se alastrar rapidamente entre todas nós e destruir-nos. Eu não tenho nenhuma fé nos curandeiros e magos que às vezes circulam entre nós, sentindo nossa barriga para saber quando estaremos férteis, ou cheirando nosso hálito para saber nosso estado de espírito. Eles acreditam ser adivinhos da alma feminina, mas, na verdade, são homenzinhos insensatos com feitiços e poções inúteis. Como muito do que vejo aqui, sua arte é apenas ostentação, um jogo de sombras sem nenhuma fonte ou conteúdo.

19

Quinto dia do mês de Shevat
Sétimo ano do reinado de Xerxes
Ano 3398 após a Criação

Este dia não me foi tão penoso; será que estou me entregando ou me ajustando? Tenho sido despojada até agora de todas as lembranças de casa – e até de muito do meu cabelo! Minhas roupas se foram, e as novas forram meus aposentos. Até mesmo os aromas de casa estão perdidos para mim agora. Se Ciro não pode vir, preciso planejar fugir, mas, por enquanto, não vejo nenhuma maneira, tempo ou lugar, porque raramente estou sozinha, e, mesmo se eu fosse me aventurar no andar de baixo em direção às portas principais, tenho muito medo de Yoon-Mai e seu tigre para tentar. Ashtari me trouxe um espelho para eu ver a mudança na minha pele desde que estou sob seus cuidados. Maravilhei-me com a imagem; não conseguia baixar o espelho. Ashtari ficou satisfeita com a minha reação, no início, até a minha pergunta:

– Como eu me parecia antes? – perguntei.

Ashtari afastou o espelho e olhou-me, suas sobrancelhas unidas.

– Eu era tão diferente? – questionei, com inocência.

Tentei explicar-lhe que não tinha espelhos desse tipo na minha aldeia, e não houvera nenhum apelo deles por uma menina que trabalhava no mercado. Mas isso não era um consolo para Ashtari, que percebeu que seus esforços estavam perdidos para mim nesse momento. Ela se ocupou com outros assuntos pelo restante do dia, e eu não a vi.

Hegai veio até mim, hoje, com uma tigela de figos. Talvez uma oferta de paz. As garotas sabiam o quão infeliz eu era por estar aqui e que discípulo pobre de suas artes sou. Ou seja, não me importo com esfregar e lubrificar a minha pele, ou com sonhar com o toque do rei que poderá fazer de mim a terra macia que vai carregar sua semente. Mesmo Ashtari perdeu a paciência comigo. Eu não disse a ninguém que sou uma judia, ou que amo Ciro, mas esses segredos me tornaram tão frágil e inflexível ao trabalho delas quanto possível. Posso apenas imaginar o que Niloufar está sussurrando para as outras meninas, mesmo quando vira seu sorriso vazio para mim. Mas Hegai não parece se importar.

Ele colocou os figos ao meu lado, e nós conversamos. Falamos de coisas pequenas, que são as melhores para discutir, quando tudo o mais é grande. Também admirou como meus cotovelos e minhas palmas das mãos tornaram-se macios, em apenas poucas semanas. Ele é tão bom. Isso me faz acreditar que este lugar não pode ser tão cheio de maus presságios.

Eu podia dizer pelo esmaecer da luz através do teto que já era tarde. Hegai não me apressou na conversa, e eu era capaz de lhe contar tudo o que podia, mantendo meus segredos. Mas, quando comecei a contar-lhe minha grande angústia de ser oferecida para a cama do rei, afirmando que acreditava ser errado dar o corpo assim, que acreditava no amor e no casamento sagrado acima da cobiça e da luxúria, ele colocou sua mão sobre a minha e se aproximou. Nenhum homem, a não ser Ciro, tinha feito isso desse jeito. Eu, por reflexo, me afastei.

Hegai franziu a testa e sentou-se.

– Por que você se afastou? Por que razão você desdenha ser tocada? Você não entende que terá de dar muito mais ao rei?

Tentei não engasgar com as lágrimas escondendo-se logo atrás do meu palato.

– Hegai – comecei –, é verdade que acredito que muito aqui está errado. Eu não devia estar destinada a este harém, mas não é apenas meu D'us que me diz isso; na verdade, é o meu coração que grita mais alto. Hegai, eu nunca poderia sonhar com felicidade na cama do rei, porque amo outro. – Isso foi tudo que eu consegui pôr para fora.

Os soluços ficaram presos dentro de mim, e queimavam minha garganta e meus olhos, revoltados por lhes ter sido negada a libertação. Engoli em seco por ar, virando-me, sentindo como se o ar fosse cinza e quente, queimando minha garganta e meus pulmões.

Hegai deu uma risada.

– Não me surpreende que você ame outro. Será que alguma das garotas aqui já amou ou viveu antes de os homens do rei as levar embora? Sei que ninguém aqui sonha em retribuir verdadeiramente o amor do rei. Elas querem a coroa, Ester. Mas, diga-me, você achou que eu a toquei porque a desejava na minha própria cama? – Ele soltou uma risadinha e seu humor começou a mudar. – Você acha, talvez, que isso foi outra parte de sua educação, a preparação para o rei? – perguntou, soando estranho. Eu não podia responder. – Você não sabe o que eu sou? – insistiu.

Balancei minha cabeça.

– Eu não queria ofendê-lo, Hegai. Você provou ser um bom e querido amigo. Mas eu não sei nada sobre o que você é;

nada sei deste lugar, dos costumes estranhos e da forma como as garotas são atiradas ao rei todas as noites tão facilmente como se joga madeira ao fogo!

Hegai se aproximou ainda mais e escolheu as palavras com cuidado:

– Você é muito ingênua. Deve pensar que o pior fardo é dar amor quando não sente nenhum, mas existe outro. Existem mais muitos outros a temer.

– Quais fardos você carrega, Hegai? – perguntei com ternura. – O que você tem a temer? Não está rodeado de luxo além da imaginação, e de mulheres tão bonitas que os gregos ainda têm de estar à altura de tanta beleza por meio de palavras e poemas épicos? Que mal poderia acontecer a um homem tão poderoso?

Hegai riu. Eu não entendi.

– Só sou poderoso porque sou incompleto – respondeu. – Eu fui transformado em um eunuco, Ester. Sabe o que é isso?

Balancei a cabeça negativamente.

– Quando eu era menino, superei-me nos estudos, em atletismo, em tudo. Eu estava sendo preparado para uma posição de grande poder, e meus pais ansiavam por agradar ao palácio. Por fim chegou a hora de me colocar a serviço do rei, e, assim, com muitos outros rapazes da minha idade, fomos levados de nossas casas. Só que não fomos para o palácio. Fomos para uma casa no campo quente e abafada, onde, um a um, fomos levados a uma sala com uma mesa de coisas simples: uma faca, alguns cordéis e uma garrafa de mel âmbar. Lá um homem nos esperava. Eu não sabia por que os meninos gritavam, até que chegou a minha vez. Colocaram-me sobre a mesa, com um homem segurando cada um dos meus membros, e despiram-me. O fio foi apertado em volta da minha área mais delicada, e a faca descida rapidamente para cortar meus órgãos genitais. Mel selou a ferida. A dor teria me matado, mas fui salvo pela misericórdia da inconsciência. Isso, no entanto, matou muitos dos meus amigos; para cada dez levados àquele lugar, apenas um sobreviveu.

Eu estava ciente das lágrimas escorrendo pelo meu rosto enquanto ele falava. Então Hegai relatou tais incidentes terríveis com um mínimo de emoção; como ele poderia resignar-se tanto diante de um destino tão cruel? Eu tinha pagado um alto preço sendo trazida a este palácio, mas via agora que muitas haviam se submetido à coroa antes de mim.

Hegai suspirou ao terminar sua história e me deu um tapinha como consolo.

– O rei, efetivamente, confiou a mim tudo o que é valioso para ele em seu império. Ganhei sua confiança. Você também vai confiar em mim no devido tempo. – Balancei a cabeça. Hegai continuou: – Talvez você encontre sua própria maneira de ficar em paz com os acontecimentos em sua vida – sorriu para mim suavemente. – É verdade que todos nós somos prisioneiros. Mas eu não posso lamentar por você ter sido trazida para cá. Eu só ficaria triste se você perdesse seu tempo aqui. Estamos todos destruídos, todos, na nossa vida, mas alguns vão reconstruí-la. Você deve amortizar seu sofrimento, Ester. – Ele se levantou para sair e estendeu a mão. – Sabe a carta que estava escondida em suas vestes na noite em que foi trazida aqui? A luz da lua será forte esta noite. Talvez seja a hora de você lê-la, e, em seguida, dizer adeus. Tenho ouvido as carroças, que não deram tempo para isso a muitas meninas, então terei paciência com você por mais uma noite. Você pode manter seu diário, pois vejo que lhe tem trazido muito consolo. Mas esqueça sua casa, Ester, e Ciro. Amanhã, se quiser permanecer no melhor quarto, sob os cuidados de Ashtari, acordará com uma nova atitude e desejo de agradar. Tenho construído sobre as cinzas da minha própria vida, por tomar decisões sábias, por saber o que agrada ao rei. E não vou me arriscar por uma garota que chora em seu sono por uma terra para onde ela nunca voltará, por rapazes que não são páreo para um rei poderoso e um pai astuto. Se você escolher esse caminho, amanhã será transferida para baixo, para os quartos normais com as muitas garotas que não são favorecidas para ganhar a coroa. Elas não vão vê-la de forma gentil.

Ele sorriu com doçura e, curvando-se diante de mim, saiu sem outra palavra.

Mais uma vez o meu rosto queimou com vergonha, pois eu achava que ninguém iria encontrar os pergaminhos que mantive tão bem escondidos. Hegai leu meus manuscritos e me conhece completamente. Eu confiei em Hegai para me colocar onde bem entendesse no harém; agora vejo que também confiei a ele a minha vida. Não foi à toa que cresceu tão poderoso, quando tudo está exposto diante dele, mas não pode ter nenhuma parte das riquezas que guarda.

Peguei o pergaminho de seu esconderijo, o pergaminho que Mardoqueu tinha passado para mim quando fui roubada de minha casa. Eu não conseguia acreditar que o deixara sem ser perturbado por tanto tempo; talvez fosse a esperança de que eu voltaria para casa novamente e não haveria necessidade de uma carta de despedida de Mardoqueu. Eu sou tão tola quanto os magos e curandeiros, pensando que, se eu não abrisse o pergaminho, não haveria necessidade de despedidas.

Mas, quando desenrolei o pergaminho, uma nova onda de saudades de casa tomou conta de mim, pois ele era a própria mão de Mardoqueu em grande detalhe, uma página inteira com sua própria escrita! O que ele tinha para me dizer, mas não podia, antes de eu ser levada?

Então, meu diário, aqui está, gravado entre essas páginas, um pouco da história que deve permanecer silenciosa como as sepulturas. Como foi oportuno Hegai me mandar ler esta noite e dizer adeus, porque sei que, quando acordar amanhã, os olhos das servas estarão sobre mim para saber minha decisão. Eu irei para o rei em esplendor ou em revolta? Não posso destruir tais palavras, mas nunca mais vou voltar a lê-las no diário; nunca mais vou visitar o passado em minhas cartas ou no meu coração. E assim, esta noite, eu devo ler a carta de Mardoqueu e encerrá-la nestes pergaminhos como uma testemunha morta ao meu passado:

> Minha criança,
>
> Enquanto escrevo isto, sei que os rumores na aldeia carregam o peso da verdade por trás deles. Você está em grave perigo pelo trono, e eu não sei se posso protegê-la. Por muitas noites agora eu tenho estado em reunião com os anciãos de nossa aldeia para discutir como podemos proteger nossas meninas durante o processo de seleção do rei. Estou mais preocupado por você, Ester, por causa de sua excepcional beleza. Se eu tivesse dinheiro, você já estaria casada, e segura. Meu único conforto é que uma vez eu a protegi de homens que a negociariam por sua beleza, e agora ainda preciso fazer isso de novo.
>
> Escrevo porque você deve saber mais sobre quem você é, de como eu a resgatei uma vez, e estou preparado para fazê-lo novamente. Eu já tinha começado a minha viagem de regresso a nossa pátria quando seu pai morreu. Seus pais, também,

tinham planejado fazer a jornada, mas, depois que seu pai morreu, sua mãe caiu doente enquanto fazia os preparativos para a viagem. Oh, como ela amava você, Ester! Você era seu prazer, e seu conforto. A notícia veio a mim através de um rabino da aldeia onde ela vivia, dizendo que ela fora atingida pela Grande Febre.

Apressei-me até lá, mas sua mãe já estava morta. Eu a vi caída na rua, com inúmeros outros. O som das carpideiras era insuportável. Corri pela aldeia, chamando o seu nome, perguntando a todos que vi onde você estava, mas as pessoas estavam demasiado pesarosas de tristeza para tomar conta de uma menina órfã. Finalmente, um sábio, que parecia estar morrendo também, me disse que você tinha sido levada por comerciantes de escravos no dia anterior. Eles tinham ido para o Oeste, em direção ao palácio.

Eu bati em meu cavalo sem piedade; se tivesse asas, ele não poderia ter voado tão rápido. Alcancei os comerciantes, mas me mantive a distância até poder determinar quantos eram. Eles montaram acampamento e forçaram as meninas mais jovens a cuidar dos animais, enquanto as mais velhas foram arrastadas para dentro de tendas. Eu podia ouvir o som de choro, mas não ouvi ou vi você.

Eu sabia que aqueles homens eram um fedor nas narinas de YWVH. Não foi difícil decidir derramar o sangue deles. Eu gostaria de poder dizer que foi um ato de bravura, ou grande força, mas, na verdade, eles estavam muito preocupados com a sua recompensa e não prestaram atenção aos gritos abafados que vinham de cada tenda enquanto eu cortava as gargantas deles. As meninas assistiram, mudas, enquanto eu arrastava os corpos dos homens fora de cada barraca e os deixava para apodrecerem no sol do deserto, para serem dilacerados pelos animais, um fim tão indigno como eles mesmos. Então procurei você, meu cordeirinho! Você estava dormindo em cobertores, escondida, e sã. Eu a carreguei para fora e a coloquei no meu cavalo. Você acordou lentamente, e me reconheceu como seu primo, porque eu tinha visitado seus pais antes da Grande Febre. Eles tinham comprado os meus cordeiros para juntá-los ao seu próprio rebanho quando parti para Jerusalém.

Mas havia ainda um problema maior. Essas garotas, algumas delas de minha própria aldeia, onde eu tinha vivido durante o exílio, certamente iriam me reconhecer, saber meu nome. O trono enviaria homens para me matar por meu ato de traição, roubando o que não era meu aos olhos do rei. Então, mandei as meninas para o mar da Pérsia, aonde os navios mercantes chegam, esperando que talvez elas vivessem sem ser molestadas, ou encontrassem um caminho para outro país no qual talvez as mulheres não fossem tão abusadas. Eu encontrei a mais velha das meninas, e juntos contamos as moedas nos bolsos dos homens mortos. Então, desenhei um mapa da melhor forma que pude e a abençoei para sua jornada. Elas não tinham casas para onde voltar, sendo órfãs da Grande Febre também, e viajar de volta para suas pátrias sem escolta poderia significar um destino pior que a escravidão.

Eu levei você, e nós cavalgamos juntos em um cavalo veloz até que a segurança fosse certa. Mudei seu nome de Hadassa para Ester, e nós chegamos finalmente à capital do império, Susã. Era uma cidade de negócios, não de derramamento de sangue. Ninguém suspeitaria de que nós estávamos fugindo. O melhor lugar para se esconder é sempre estar à vista, não é? O cavalo, um belo garanhão (jamais me esquecerei dele), foi facilmente trocado por um bando de cordeiros, sendo este o único comércio que eu conhecia bem, e nós começamos nossa vida.

Digo-lhe tudo isto, minha querida, para que saiba e nunca se esqueça do poder do trono, e do seu terror, nem da luxúria dos homens pela carne e pelo ouro. Você escapou do desastre uma vez, e ainda pode fazê-lo novamente. Meus dias passados nos portões do palácio compraram mais do que informação para nós; estou aprendendo quem é confiável em tempos de perigo.

Você dormiu tão profundamente naquela noite há tanto tempo, rodeada pelo perigo. Se todos os meus esforços falharem, e vocês forem levadas para o palácio, você deve aprender a dormir novamente entre ladrões, e, enquanto dorme, encontrar o fio do bom tecido em seus pesadelos. Encontre-o, agarre-o, siga-o. Farei tudo o que puder do lado de fora para garantir um bom nome para nós dois na corte, e para obter a sua libertação.

Vou mandar-lhe uma mensagem outra vez assim que eu encontrar um caminho.

Seu primo e guardião,

Mardoqueu*

---

* Ver anexo, página 313, para comentários.

20

Sexto dia do mês de Shevat
Sétimo ano do reinado de Xerxes
Ano 3398 após a Criação

Uma tempestade passou sobre o harém na noite passada; relâmpagos iluminaram os nossos quartos em rápidos lampejos azuis, e os trovões rugiram através dos pisos de mosaico, ressoando nas articulações das grandes portas e fazendo os quadros dourados vibrarem.

Tentei dormir. Sabia que muitos olhariam para ver a expressão do meu rosto quando eu acordasse; permaneceria sob os cuidados de Hegai, ou me perderia entre as outras? Deitei-me na cama chorando, perguntando-me quantas lá embaixo estavam despertas, sonhando em tomar meu lugar. Uma noite para decidir a minha vida: foi isso o que me foi dado. Eu poderia deixar Ciro nas páginas deste diário e abraçar um destino desperdiçado, ou agarrar-me aos meus sonhos e talvez morrer sozinha, à espera de uma noite com um rei ou de um resgate de um amor juvenil, ambos os quais poderiam nunca acontecer. Isso me lembrou de alguma forma dos rapazes do mercado com suas histórias de guerra, e de como eles descreviam interminavelmente as torturas que nossos inimigos impingiam às tropas derrotadas. Os rapazes debatiam se era melhor ser ferido por um corte e morrer de choque em vez de dor, ou ter o coração trespassado e morrer na hora. Esta noite era o meu debate também.

Enquanto me virava mais e mais na minha cama, a tempestade esfriou o quarto, então tive de me enfiar debaixo de minhas cobertas. A chuva começou a bater insistentemente contra o teto, e uma serva invisível moveu uma cobertura revestida com a medula da madeira sobre as aberturas acima, pois algumas gotas chegavam ao meu cômodo. A escuridão pairou, e logo senti alívio em meus olhos inchados, enquanto meus soluços se tornavam respirações profundas, e as trevas liberavam-me do domínio deste lugar.

Eu não sei quanto tempo fiquei ali, dormindo sem sonhos. Um som chegou a meus ouvidos, mas minha mente demorou tanto para acordar que o ouvia sem me mover. Algo se aproximou no meu quarto no meio da noite, um barulho estranho como um grande pássaro dobrando as asas quando pousa no chão. Eu ainda não conseguia abrir os olhos, tão profundo era o meu sono, e uma paz inundou meu coração. Tudo estava bem aqui; meus ossos foram aquecidos por alguma luz invisível. Uma voz, ouvida como se viesse de uma grande distância, chegou até mim agora, como se eu sentisse a morte:

> Ele não menosprezou nem repudiou o sofrimento do aflito; Ele não escondeu dela o rosto, mas ouviu seu grito por socorro.
>
> Você vai proclamar a Sua justiça a um povo ainda por nascer, pois Ele fez isso.

Reconheci imediatamente essas palavras; elas eram do rei David, um salmo que o Senhor pusera em seu coração gerações atrás. Eu as tinha ouvido dos meus mestres na aldeia e, agora, elas faziam sentido para mim. Como desejava abrir os olhos e ver esse visitante de D'us, mas a paz era muito inebriante e colocou-me novamente no silêncio doce do sono pesado.

E então eu estava acordada antes mesmo de minhas servas entrarem nos meus aposentos esta manhã. Sentia-me descansada, talvez pela primeira vez. A serva que tinha montado guarda, também caíra em um sono profundo no meio da noite, e limpou depressa a boca molhada, envergonhada quando percebeu que eu já havia despertado. Sorri para ela. Como sou abençoada, pois, quando eu estava fraca demais para escolher o meu caminho, uma bênção espontânea tornou-o claro para mim.

Levantei-me, e enfrentei as mulheres que entraram.

21

Vigésimo sétimo dia do mês de Adar
Sétimo ano do reinado de Xerxes
Ano 3398 após a Criação

Meu esconderijo está bem mais oculto agora; não vou nem escrever seu lugar. Vou manter lá apenas o meu diário e o colar dado a mim por Shethana no meu último aniversário antes de ser trazida aqui. Eu pedi a Hegai que enviasse uma caixa com chave para guardá-los, e um eunuco a entregou a outro eunuco sem perguntas. (Como é estranho saber agora a verdade sobre os homens neste lugar! Eu me percebo olhando longamente para cada um, imaginando a dor e a humilhação de cada sobrevivente. Sinto-me enfraquecer ao pensar que logo irei para o rei que exercia tão terrível e insensato poder. Não significava nada para ele perder tantos rapazes. Quanto menor é o valor de uma mulher que está aqui, maior é o perigo. As garotas estúpidas tão ansiosas para chegar a este lugar não dão nenhuma atenção a isso.)

Após o eunuco sair, observei cuidadosamente para ter certeza de que meu ato não teve testemunhas, e coloquei o diário dentro.

Alguns acreditam que o mundo espiritual nos testa continuamente para saber o que escondemos em nosso coração. Eles acreditam que os espíritos são ávidos pela diversão humana, e ficam desanimados se deixamos de nos entreter. Talvez seja isto: depois de minhas despedidas, e de lacrar o segundo pergaminho, Mardoqueu enviou uma mensagem por meio dos guardas do harém. Foi breve e sem vida, apenas um pequeno teste de sua autoria. Ele perguntou somente sobre minha saúde e como era tratada pelos supervisores. Não fui destruída por essa recordação de casa; restara força suficiente em mim pela vinda do meu visitante na tempestade, de modo que fui capaz de responder com uma voz firme e calma, e deixei a serva ir novamente. Era bom saber que Mardoqueu estava pensando em mim, e também bom tranquilizá-lo de que tudo estava bem. Mas isso é tudo o que pode ocorrer.

Talvez Hegai saiba dessa mensagem de casa; como não saberia? Estou sob a custódia dele agora, não de Mardoqueu, e Hegai é o mestre a quem devo me esforçar ao máximo para agradar. Claro, se ele sentir que alguma mensagem de Mardoqueu prejudica seu trabalho, acabará falando, e eu vou obedecer.

D'us me perdoe por dizer isto, mesmo que só se derrame sobre estas páginas inocentes e mudas, mas tem sido mais fácil confiar Mardoqueu a D'us do que Ciro. Às vezes, imagino ter sido incompleto o trabalho do visitante da meia-noite, pois me deu força, mas não tanta que eu pare de pedir mais. Acredito que haja um propósito na minha presença aqui, acredito que D'us tem visto e ouvido, mas ainda assim não consigo me esquecer de Ciro. Eu o afasto de meus pensamentos, e ele move-se em segredo em meus sonhos. Afasto toda a lembrança dele, seu toque e seu cheiro, mas acho que ele está entrelaçado no tecido do meu ser. Uma vez até mesmo ansiei por um momento em que Yoon-Mai poderia, de fato, encontrar-me sozinha, pois na morte eu não conheceria liberdade desta guerra. Quão bravos pareceram um dia os homens que marchavam para a guerra quando eu era uma menina, aqueles guerreiros valentes que transportavam bandeiras e armaduras diante deles. No entanto, sei agora que são as mulheres esquecidas para trás que lutam as guerras mais ferozes, a batalha diária para enterrar os gritos do coração e continuar vivendo.

Eu não sonhava que a sorte me encontraria, uma menina com nada de mérito em seu nome (nem mesmo o nome era verdadeiramente dela), mas aqui estou eu, ordenada pelo trono de D'us para servir ao trono do homem. A sorte tem fascínio apenas para aqueles a quem ela não chamou; aqueles que já provaram dela a acharam amarga.

22

*Décimo primeiro dia do mês de Adar II**
Sétimo ano do reinado de Xerxes
Ano 3398 após a Criação

PASSARAM-SE DUAS SEMANAS desde que li a carta de Mardoqueu e a lacrei. Tenho cumprido meu juramento de nunca mais reexaminá-la. E ainda reflito sobre as palavras dele, virando cada uma delas em minha mente, e estou certa de que tenho forjado cada possível verdade e significado a partir delas, do mesmo modo que aprendi a torcer a roupa durante a lavagem. Assim, ao que parece, não sou nenhuma estranha a esse rei, e a seu drama, ainda que ele jamais tenha conhecido meu nome. Creio que estou fadada a desempenhar esse papel até o final.

As palavras de Hegai, as quais libertam meu próprio sofrimento, martelam há dias em minha cabeça; assim, por mais que eu queira continuar a chorar, e a lamentar, e a sonhar com aquilo que nunca poderei ser, começo a alimentar essa força a mim concedida. Mardoqueu é meu primo e segundo pai, e sei que seu amor permanecerá constante. Não preciso dizer adeus a ele tanto quanto preciso respirar e sentir a nossa distância, e fazer com ela o que posso.

* Adar II apontaria para um ano bissexto, o que geralmente ocorria a cada três anos do calendário babilônico.

23

Primeiro dia de Nisan
Oitavo ano do reinado de Xerxes
Ano 3399 após a Criação

Eu vi a garota executada naquele dia enrolada em uma coberta simples. Ela foi removida assim que atestaram que estava morta, e contaram-me que a enterraram nas primeiras horas, como é o costume aqui. Enquanto tomava meu chá esta manhã, atrevendo-me a assistir de minha sacada às mulheres movendo-se lá embaixo no harém, vi uma garota usando um xale específico. Chamei-a, e ela parou, ouvindo seu nome falado de cima.

– Venha até aqui – eu pedi, e ela prontamente obedeceu, o que me sugeriu que a garota é pouco importante aqui, e nunca poderá ver o rei. – Onde você conseguiu esse xale? – perguntei, pois me era bem familiar.

– Daquela que morreu, Yoshtya. As servas disseram-me que eu poderia pegá-lo – acrescentou.

Eu estava boquiaberta, impressionada com o nome. Ela me implorou que não falasse do roubo, e mandei-a embora com a promessa de que o manteria em segredo.

Gravei seu nome duas vezes aqui neste livro, jovem. Assinalei seu trajeto, ainda que ninguém mais o tenha feito. Que você finalmente encontre a paz.

Nós éramos da mesma província, e tínhamos quase a mesma idade. Tudo o que de fato nos separava era nossa beleza. A minha encontrava favor imediato; a dela era demorada para se revelar. Esse foi um processo muito lento. Até chegar a este lugar, eu nunca havia pensando em minha aparência. Meus braços eram fortes e erguiam com facilidade as cestas do mercado até minha cabeça. Minhas pernas me levavam aonde eu quisesse ir, longas distâncias por dia. Aqui as elogiavam por sua forma e nada mais. Sim, são as partes do corpo mais inúteis, minhas nádegas e meus seios, que recebem os elogios mais generosos; embora até agora nada tenham feito por mim, tornam-se a conversa de muitos. Sou criada para agradar a um rei e não menos, é o que eles dizem, e eu também tenho começado a perceber isso. Vejo que meus lábios são carnudos, e os das outras, finos, e meus olhos têm o formato de amêndoas frescas, circulados por cílios espessos. Ouço os sussurros desde que cheguei a este lugar; agora, começo a acreditar neles.

24

Terceiro dia do mês de Nisan
Oitavo ano do reinado de Xerxes
Ano 3399 após a Criação

Há outras novidades desconcertantes que devo relatar. Não tenho mais certeza de que viverei para ver minha noite com Xerxes. Isso está fora de meu controle, e então já me decidi a afastar esses pensamentos quando eles surgirem, como uma arte que aprendo a dominar a cada dia. Tenho colocado Hegai, e não um servo, em vigília fora de meus aposentos, pois ele pode me atender. Ele também observa cuidadosamente a ação de minhas garotas, e já afastou Niloufar da função de me assistir. A poucas pessoas é permitido acesso a mim, enquanto um maior número delas agora se volta contra minha pessoa. (Contarei o que aconteceu daqui a pouco.) No entanto, Hegai dispõe de menos tempo para dedicar-se a mim, pois as garotas que completaram um ano aqui vão até o rei todas as noites. Demorou muito, Hegai explicou, para trazer virgens de todas as províncias do império de Xerxes, do Egito à Índia, considerando-se ainda os lugares entre ambos. Muitas garotas estavam quase completando o tratamento de beleza de um ano antes de eu chegar. Hegai passa os últimos momentos com cada uma delas antes que saiam de seus cuidados para sempre. Ele ajuda a selecionar as roupas das garotas, e consegue para elas o presente que escolheram para o rei. Em função de Hegai estar muitas vezes distante de mim, ele acaba se preocupando mais. E só esta noite estou começando a entender os perigos ocultos que ele vê.

Por que, Senhor, quando concordei em fazer Seu jogo aqui, você me insultou desse jeito?

Foi isto o que aconteceu: conforme eu me banhava no terraço, vi o tigre branco saltando pelos jardins e correndo por um portão aberto. À luz do luar, ele parecia uma visão saltando para a liberdade. Por um momento, desejei ser um cavaleiro sobre as costas do animal, fugindo daqui até que o pelo branco se misturasse à lua no horizonte. No entanto, os gritos lá embaixo me trouxeram à razão rapidamente, e Hegai estourou o terraço com um punhal, puxando-me do banho para o lado dele, os olhos selvagens, até que ouvimos passos subindo a escada, e ele fez sinal para que eu silenciasse. Era Ashtari, e se ela não tivesse se identificado com rapidez enquanto se aproximava, tenho medo do que Hegai poderia fazer. Após ela, minhas outras meninas, abaladas, lentamente se apresentaram. Parece que Yoon-Mai foi assassinada em seu toucador. Alguém encontrou um asp* dentro da caixa de pó dela, o que significa que, quando ergueu a tampa, foi atingida por ele. Yoon-Mai iria até o rei em duas noites, e estava certa de ganhar a coroa. Agora, sou a única preferida nesta corrida para um homem que ninguém jamais havia visto.

---

* Asp era o nome comum para todas as espécies de pequenas cobras venenosas encontradas na Pérsia.

Dei uma espiada para baixo e muitos olhares frios encontraram os meus. Um deles era um assassino.

– Isto não é vida! – gritei para elas. – A vida está nas aldeias, com nossas mães e nossos pais! Viver é trabalhar, e rir, e labutar infinitamente com rápidas e doces pausas!

Ninguém se moveu. As servas pararam de abanar as garotas que relaxavam na cachoeira, mas apenas por um momento. Alguns olhares meio de lado foram lançados, e as garotas retomaram logo suas rotinas, deslizando para o banho, ou para aulas, ou para as refeições. O ódio ou o desprezo delas levantaram-se como uma onda de calor, e recuei em prantos para meu sofá de descanso.

E tudo isso devido a uma beleza que não pedi, e com a qual não me importava. Isso não tem qualquer sentido para mim, ainda mais por vê-la tão cobiçada. Não é algo para ser compartilhado, senão eu a doaria. É minha, na verdade, é quem eu sou, o presente de D'us para meus tempos, uma coisa dada sem consentimento. As longas horas de banhos e óleos ensinaram-me a fixar minha esperança sobre o que não se evapora em meio à bruma em torno de mim. E considero que isso seja minha fé, que, mesmo etérea e delicada como uma aranha de corda, pode firmar-se contra ventos implacáveis e repreensão violenta.

Mesmo assim, não conseguirei dormir facilmente esta noite, embora Hashtai e Hegai permaneçam em vigília. D'us proteja a garota que mataria por um rei ateu.

25

Quarto dia do mês de Nisan
Oitavo ano do reinado de Xerxes
Ano 3399 após a Criação

Ashtari levou-me até a beirada dos meus aposentos à noite e insistiu que eu olhasse lá de cima.

– Outra garota ficou doente, mas não vai morrer – disse Ashtari.

– Então, o que preciso ver? – perguntei.

– Desconfio que verá sua inimiga revelada – ela respondeu. – A garota avançou na ordem das virgens apresentadas a Xerxes, e então não mais ficará no seu caminho, e o tempo que você tem ainda aqui nem está concluído.

Uma garota egípcia coberta de moedas de ouro estava sendo levada até Xerxes. O cabelo e a maquiagem eram esplêndidos, e os olhos prolongados muito para trás sugeriam que ela via tudo, assim como todos a viam. Cobras de ouro enrolavam-se em torno dos braços dela, e as coxas nuas eram escuras, imagens pagãs tatuadas com henas, levando o olho até o lugar mais sagrado da condição feminina. Ela era linda, e dissimulada, e por um instante duvidei de minha própria beleza. (Por que a beleza inspira homens, mas incomoda as mulheres?)

Na verdade, as servas têm realizado excelente trabalho na preparação de meu corpo para receber o toque do rei; cada pedaço dele está macio e maleável, e meu cabelo tem o perfume e frescor dos melhores linhos sobre a cama. No entanto, só agora comecei a trabalhar para que meu coração se torne disposto a receber um rei, e nenhuma criada pode aliciar meu coração. Como essa garota andando abaixo de mim tem controlado a si mesma, obrigando-se a seguir orgulhosa à cama do rei, simplesmente por um capricho dele? Nas aldeias, ela morreria por tal desonra. É a coroa que torna desprezíveis as coisas boas? Não, essa desonra é maléfica, e nem sequer grande poder e riqueza conseguem mascarar seu odor. Não posso explicar isso, mas, de alguma forma, sei que não é esse o meu caminho. A garota está aberta para o rei, entretanto desafia D'us e Sua lei. Talvez por isso sigamos caminhos diferentes.

Porém, a garota parou sob minha sacada e fitou-me com um leve sorriso; em seguida, soprou um beijo e seguiu para o palácio. Quando ela se virou para deixar as câmaras para sempre, uma de suas servas se soltou e correu escadas acima com uma caixinha branca que apresentou a Hegai. Então, fugiu de volta para baixo e uniu-se ao cortejo conforme ele desaparecia. Hegai abriu a caixa com todo cuidado, segurando-a longe, e vi a raiva crescente nele. Levantando-me, aproximei-me, mas Hegai se recusou a mostrar o conteúdo. Apenas quando insisti, concordou: era a caixa de pó de Yoon-Mai e, dentro, havia a cabeça de uma asp.

Talvez o perigo se tenha ido, mas será uma noite de pouco sono. Imagino como Xerxes se comportará com a garota na cama. E, de repente, sinto um grande prazer em pensar nisto: que o rei terá mais satisfação com uma virgem, ou ela poderá nos livrar de todos os problemas até a conclusão de nosso tempo aqui.

26

Décimo terceiro dia do mês de Tamuz
Oitavo ano do reinado de Xerxes
Ano 3399 após a Criação

Outra garota está morta. Fiquei sabendo por Hegai, quando lhe contei que havia visto o corpo sendo levado do harém à noite. Em segredo Hegai me falou que era uma daquelas que chegaram aqui comigo, na mesma carroça, uma das mais barulhentas que me atormentavam em função de minha aparência descuidada. Parece que ela não mais esperaria para ir à cama do rei, pois procurou consolo nos braços de um dos guardas do palácio. Os eunucos devem tê-la ajudado a ter acesso até um guarda. Hegai diz que eles serão mortos.

– Ela foi então condenada à morte? – perguntei.

– Não – Hegai respondeu. – Ela engravidou e procurou os cuidados de uma feiticeira local para se livrar da criança. Sabia que seria morta por desonrar o rei dessa maneira. A feiticeira pegou folhas e flores de uma planta venenosa e preparou uma forte bebida fermentada; a garota bebeu e ainda foi usado um tanto para tentar limpar seu útero. E, claro, você testemunhou o sucesso dela.

Senti tristeza pela garota. Ela estava mais preparada do que eu para ser trazida até aqui, mas não estava preparada para esta vida.

Agora, querido diário, após ter passado sete meses sob os cuidados de Ashtari, não mais me conheço a partir da primeira imagem que vi, enquanto olho meu reflexo no espelho polido dos aposentos. Meu cabelo foi escurecido com bagas de zimbro, minhas unhas, pintadas de vermelho com hena, e meus olhos assemelham-se aos de gato, arqueando-se para fora de lado a lado. Ashtari me manteve em um regime rigoroso com as melhores farinhas e frutos, com carne assada e infusões de cominho, para dar fulgor à minha tez e aumentar minha fertilidade. Se terei uma noite com o rei, que seja para tentar engravidar, ela diz. Dar à luz, sobretudo um filho, iria me deslocar para os quartos mais refinados do harém das esposas. Tenho tentado não pensar muito nessa única noite, embora ela seja o que o ano inteiro de preparação representa. Tudo que como, tudo que uso e faço e digo, tudo é cuidadosamente treinado para que eu não desperdice essa noite. Comecei a perguntar a Ashtari o que o rei fará comigo na tal noite e depois, mas a resposta é sempre igual:

– Tudo o que ele desejar.

Dia após dia, Ashtari e as meninas friccionam óleo de amêndoa na minha pele, e também mirra, e perfumam meu cabelo e meu corpo, antes de aplicar os cosméticos preparados com corantes. Eu sou tão somente uma tela onde elas exercitam sua arte. Estou entrando em uma nova fase da formação pessoal aqui. Meu corpo e meu rosto talvez sejam dignos de um rei, mas ainda preciso aprender a arte da real sedução.

Com esse objetivo, trouxeram hoje até mim uma mulher a respeito da qual só havia ouvido rumores. Chama-se Sadira, e é muito gorda, com cabelo austero, maquiagem carregada permeando as fendas enrugadas da pele, do modo como os musgos crescem entre as pedras dos muros do palácio. Os dentes estavam amarelados em função de ela fumar um cachimbo que guardava nas vestes, e respirava com dificuldade, como se cada movimento fosse trabalhoso. Sadira é a mulher no harém do palácio a quem cabe o ensino das antigas artes da sedução, e apenas aquelas que são as preferidas para ganhar a coroa recebem aulas particulares dela. Entretanto, Sadira me olhou irritada, como se eu representasse tudo que havia entre ela e um bom cochilo, e imediatamente gritou que me despisse como faria na presença do rei.

Senti minhas mãos como toras de madeira enquanto me atrapalhava com as roupas. Eu não sabia nada do que agradava a um homem, e odiava ter esse montículo de mulher olhando-me, minha inexperiência cada vez mais evidente, e minha honra sentindo algo parecido com vergonha. Em minha mente cansada, após já ter visto tantas coisas estranhas aqui, a mulher parecia crescer cada vez mais, até que restávamos apenas as duas naquele pequeno quarto abafado, os olhos dela brilhantes e minhas bochechas coradas.

– É assim que você ganhará uma coroa? – ela resmungou.

Eu me atrapalhei com o broche de ouro em meu manto, quase o rasgando, e Sadira fez um ruído medonho, uma risada quase sufocada em algum lugar entre um dos queixos dela repousando contra a garganta. Ela me encarou até que senti as primeiras lágrimas começando a escorrer pelo meu rosto. Eu me odiei naquele momento, por chorar em frente daquela miserável, mas não poderia fazer as lágrimas, tão desobedientes quanto qualquer criança, retrocederem.

Por um instante, Sadira observou-me chorando, notando com prazer cada lágrima que manchava meu vestido. Ela parecia contá-las, até que encontrou um número adequado.

– Estamos prontas para começar agora – então disse, e milagrosamente sorriu. A visão foi temerosa, e eu quase desejei uma careta dela de novo. Entre os dentes amarelados, descansava uma pasta espessa, parecendo argamassa. – Resistência à aprendizagem; esse é seu medo – Sadira continuou. – É sempre melhor despejá-lo nas lágrimas. Vamos começar, e você levará em consideração esta apodrecida mulher velha que guarda as chaves para o palácio, e para uma nova vida a você.

Aqui ela saltou, tão rápida quanto qualquer um dos rapazes eunucos, e posicionou-se a meu lado. Com um floreado de mãos, iniciou o trabalho nos fechos de seu próprio manto, fazendo sinal que a imitasse. Então, meio que fechou os olhos, perdendo-se em um transe lento enquanto se mexia pelas vestes, e eu seguia cada movimento, até que ficamos apenas com nossas roupas íntimas de linho. Em seguida, seus olhos encontraram os meus, e ela soltou outra série de risos engasgados, batendo na coxa e cambaleando como um bêbado com as pernas fracas.

– De novo! – ela gritou, jogando as vestes de volta.

Então, dançou um pouco ao redor da sala, agitando os braços, e engasgando agora e novamente em uma risada. Com toda franqueza, acabei rindo de mim mesma também. Nem tinha certeza de ter entendido, mas ri mais e mais, sem saber por quê.

E, então, aprendi como se despe para um rei.

Quando terminamos (o que compreendi assim que Sadira abruptamente desabou de costas no chão, os seios arfando), ela se tornou de novo a criatura grosseira que eu conheci. Levantando-se com um enorme esforço, apontou o cachimbo para meu rosto e disse:

– Mantenha a boca fechada e pratique o que ensinei. Voltarei amanhã.

E assim que Sadira estava saindo, meu próximo conjunto de tutores chegou, contornando-a com cuidado, enquanto ela saía bufando. Esse conjunto de tutores parecia pequeno e simples após Sadira, o que talvez fosse bom, pois eles tinham rotinas mais complicadas para ensinar.

Sim, estou aprendendo a dança, e novas vestes e lenços foram escolhidos para as servas me vestirem quando eu acordar amanhã. A dança não é nada do que supunha. Em virtude de eu ser da região de origem de Xerxes, não danço como as egípcias ou as garotas do Leste. As egípcias balançam os quadris e convidam o homem que está próximo; as garotas do Leste contam histórias com as mãos e, assim, começam a sedução na mente dos homens. As garotas da Pérsia, no entanto, dançam uma dança sagrada usando os braços, movimentando-se suavemente pelo ar no padrão de uma cobra, com o cuidado de jamais olhar o público diretamente nos olhos. E assim resvalam para uma euforia tranquila, exaltando os corpos como sacrifícios a Ahura Mazda. Isso, dizem, agrada mais ao rei Xerxes. Essa é a dança que estou aprendendo, embora não ache que seja para um deus pagão, feito de madeira ou pedra. Dançarei melhor do que todas elas, mas para meu D'us, não para um rei ou um pedaço de madeira.

27

Décimo quinto dia do mês de Tamuz
Oitavo ano do reinado de Xerxes
Ano 3399 após a Criação

Ouvi Sadira vindo antes que a visse. Eu tinha sido levada ao andar térreo, para um pátio privado, onde deveria esperar sua chegada. Ela estava deitada sobre uma esteira, carregada pelos mais fortes servos, e eu cheguei a temer por sua saúde.

– Sadira, o que aconteceu com você? Foi ferida? – gritei.

Sadira olhou para mim, como se eu fosse um camelo sem corcunda, totalmente inútil para ela, e colocou uma uva em sua boca cavernosa. Então procurou em sua esteira por uma garrafa de vinho e tomou dela um grande gole. Os servos a colocaram no chão tão suavemente como seus ombros tensos permitiriam e fugiram do pátio.

– Estou bem. Sua aula apenas interrompeu o meu almoço antes de ter terminado, e eu não queria abandoná-lo ainda. – Sua explicação teria sido inacreditável para mim se eu já não vivesse em um palácio que expandia minha imaginação a cada momento.

Depois de mais alguns bocados de comida, Sadira fechou os olhos, respirou calmamente várias vezes e, em seguida, estendeu a mão para mim. Juntei-me a ela em sua esteira. Ela me ofereceu uma uva, que recusei, então a comeu e começou a aula.

– Você aprendeu como fazer para chamar a atenção de um homem. Agora você deve aprender a capturar a mente dele. Dependendo do homem, essa pode ser uma tarefa difícil.

– Será que Xerxes tem uma mente brilhante? – perguntei.

– Ele leva uma nova virgem para a cama todas as noites, minha menina – Sadira respondeu sem rodeios. – Ele é um bêbado e um glutão. Isso soa como um homem de grande clareza mental?

Balancei a cabeça negativamente.

– E ainda temos de prepará-la para nada menos do que um rei, e por isso vamos fazê-lo bem, já que você não passou no teste.

– Como? – perguntei. – Eu não sabia que tínhamos começado!

– Você olha para mim desamparada como um bezerro em busca de um úbere. Realmente acha que eu iria apreciar seus suplicantes olhos escuros me olhando? Você deve aprender a desviar o olhar, mas mantendo-me como o foco de sua atenção. Só me olhe diretamente nos olhos se você de fato tiver de fazer isso.

– Sim, Sadira, vou aprender – disse olhando-a, então percebi e desviei o olhar rapidamente.

– Você falhou de novo! – ela vociferou.

– Mas desviei o olhar assim que dei por mim – retruquei.

– Você nunca deve falar, até respirar profundamente e liberar o ar. Suas palavras devem ser lentas e suaves. Nunca uma mulher aqui disse algo tão importante que precisasse de voz plena.

Respirei e exalei, mantendo os olhos na esteira em vez de em Sadira.

– Lenta e suave – repeti.

– Sua voz nunca deve chegar às paredes; ela deve ser suave o bastante para envolver você como uma leve fragrância. – As palavras de Sadira pareciam ensaiadas e cansadas.

Gostaria de saber quantas pobres garotas tinham recebido esse mesmo conselho e onde estavam agora.

– Sim, Ester – Sadira continuou –, todo ato de amor começa como uma história, e você é a contadora de histórias. Seus olhos e sua voz devem convidá-lo para a história. Use o que os deuses lhe deram para contá-la. Se há uma mesa, passe os dedos maliciosamente ao longo do seu comprimento. Será que ele vai imaginar como são seus dedos ao longo das costas dele? Lembre-se constantemente do que faz de você uma mulher, e passe os dedos ao longo dos lábios, ao longo do colo. De repente Sadira soltou outra gargalhada e tomou um gole de vinho da garrafa. Ela me olhou bem nos olhos. – Como se uma mulher precisasse ser lembrada do que a distingue. Que rei tolo precisa que uma mulher verifique novamente para se certificar que seus lábios ou seu peito ainda estão lá? E, no entanto, é você quem vai bancar a tola, e talvez usar uma coroa. Diga-me, Ester, se você usá-la, vai governar como uma rainha ou como um bobo da corte?

Eu não consegui nem pensar em uma resposta. Sadira amou isso.

– Muito bem! Nunca responda a uma pergunta difícil. Apenas toque no seio e sorria, e ele vai esquecer o que perguntou. – Então Sadira gritou para os servos que viessem e a levassem embora. Quando eles se aproximaram da esteira, ela jogou alguns cachos de uva para mim.

– Boa sorte, minha jovem – ela sorriu.

Um pequeno pavor me atingiu. Se esta era para ser a última instrução antes da minha noite com o rei, parecia que muitos detalhes tinham sido omitidos.

– Sadira! – protestei enquanto ela estava sendo erguida. – Sadira, ninguém me ensinou como a história... termina. Ninguém me ensinou o que fazer quando ele vier para mim! – Essa foi a maneira mais moderada com que pude me expressar, embora agora me pergunte se minha moderação passa despercebida pelas companheiras aqui.

Sadira falou por cima do ombro enquanto saía, jogando as palavras, casualmente, como jogou as uvas:

– Minha querida, algumas coisas o rei vai preferir ele mesmo ensiná-la.

28

Terceiro dia do mês de Kislev
Oitavo ano do reinado de Xerxes
Ano 3399 após a Criação

MEU ANO ESTÁ QUASE COMPLETO. Se eu me descuidar de escrever os acontecimentos de meus dias aqui, você precisa perdoar-me, meu diário. Os últimos três meses têm sido marcados por uma sucessão infinita de banhos, perfumes, cosméticos e óleos. Não ocorreram mais mortes; tudo está tranquilo. (Presumo que a rival assassina não se tornou rainha, senão Xerxes não precisaria continuar sua procura pela virgem perfeita. Entretanto, estou aqui tempo bastante para saber que ele talvez jamais a encontre, e, assim, pode muito bem desfrutar de todas nós.)

E este é meu segundo argumento para que você perdoe minha ausência na escrita: há certas coisas inadequadas para registro, pois amaldiçoam a pena e o papel apenas em receber as palavras. Quando vejo algumas garotas no harém andando nuas, orgulhosas e sem qualquer pudor, desvio os olhos, envergonhada, uma vergonha que elas jamais sentirão. Os eunucos contam histórias selvagens de depravação, e de fato há alguns que fazem mais em serviço às cortes reais do que eu me importaria em saber. Niloufar teve a mão direita decepada esta semana porque a encontraram com um eunuco em um ato inominável. Devo dizer que não há limite para a imaginação aqui.

Por que D'us me trouxe para este lugar? Certamente Mardoqueu tinha razão quando chamou este povo de ateu, pois D'us está muito afastado deles. Mas, como eu vivo aqui, será que D'us ainda vai me ver? Não consigo imaginar que Ele viraria os olhos a este palácio do sexo e da intriga. No entanto, mesmo aqui, eu Lhe servirei, ainda que Ele não suporte ouvir minhas orações. Ao orar, saio até o terraço, onde Ashtari aprendeu a me deixar em paz, e posso estar a sós com D'us, o mais afastada da impiedade que consigo. Apenas as cartas de Mardoqueu fortalecem-me para que permaneça fiel em meu coração a D'us, mesmo quando parece que me esqueci disso.

Oh Senhor, aqui eles estão me ensinando coisas que jamais deveria conhecer. Minha noite com o rei rapidamente se aproxima. Senhor, e me perdoe se eu quase saudá-la. Sei que rogarei pela coroa, e, se ela não me for dada, serei forçada a me deitar com ele de qualquer maneira. Entendo que é apenas uma noite final de degradação. Sinto medo de que meu desejo de agir em nome da honra seja enfraquecido em alguns momentos pela tentação de me ver livre deste lugar, de fazer o que é conveniente a mim. Sim, agirei em nome da honra; sim, rogarei pela coroa antes da cama, mas confesso que às vezes não me importo se eu ceder ou for obrigada.

Neste lugar, tenho cultivado o amor a Ashtari e Hegai. É verdade, não existe esse tipo de almas boas vivendo entre tal escória. Mas quero ficar livre desta casa de prostituição... Afinal, é isso que ela parece. E espero que lá no harém das esposas seja diferente. Essas mulheres não carregam o peso de ter de ganhar uma coroa; na verdade, elas nunca verão o rei de novo a não ser que o chamem pelo nome. Hegai diz que Saasgaz, o eunuco encarregado das esposas, é um homem muito mais feliz do que ele próprio. As esposas não brigam muito, nem se ornamentam com tanto orgulho e subjugam os eunucos aos seus caprichos. Elas são mais estáveis e seguras, e Saasgaz diz que lá as amizades florescem como os bem-aventurados cuidam de seus filhos. Portanto, Senhor, se é isso que planejou para mim, irei para lá. Apenas me remova deste antro de intrigas. Envie-me para onde não haverá milhares de vozes sussurrantes, e encontros clandestinos à luz de velas, e inimigos escondidos nas sombras. E, se isso Lhe agradar, permita-me conceber nesta noite de vergonha, e então, finalmente, poderei viver meus dias honrada e em paz.*

* Veja comentário correspondente na p. 314 do anexo.

29

Segundo dia do mês de Tevet
Oitavo ano do reinado de Xerxes
Ano 3399 após a Criação

– Como ele é, Hegai? – perguntei.

Hegai franziu a testa quando ele se virou para responder:

– Ele é um homem, Ester, nada mais. Mas ele é um homem com os meios para satisfazer todos os seus desejos, e assim ele se tornou perigoso.

Insisti que Hegai continuasse:

– Um leão na selva caça sua carne, e os homens da aldeia entendem o animal. Há harmonia. Mas seu Xerxes é como um leão enjaulado; o jantar lhe é atirado. Ele ficou entediado, gordo e imprevisível. Você deve ser a leoa que o despertará novamente.

– Como vou fazer isso, Hegai? – perguntei.

– Ela é menor, mas mais furtiva. Ela controla a caça com os olhos, sempre observando, pesando, esperando. Ela vai sempre saber o momento de atacar. Mas nunca deve ser um confronto de poder, pois o leão é incapaz de distinguir entre inimigos.

– Eu ainda não entendo o que isso significa, Hegai – suspirei.

Ele me beijou na bochecha.

– Você entenderá.

E ainda assim eu tinha uma última pergunta:

– O que devo levar para o rei, Hegai?

Ele fez uma pausa, e eu sabia que os tesouros do reino passaram diante de seus olhos. Mas então me olhou e sorriu.

– Você é o bastante para qualquer rei.

Forcei um sorriso de volta. Eu preciso acreditar nisso.

30

Vigésimo nono dia do mês de Tevet
Oitavo ano do reinado de Xerxes
Ano 3399 após a Criação

Conforme era levada pelo corredor até os aposentos do rei, eu sentia os olhos de cada homem no palácio. O guarda mais velho colocou a mão sobre o peito e inclinou a cabeça, um gesto que significava que minha beleza tinha ganhado um coração. Eu vi algumas moedas de ouro sendo apostadas, passando pela fileira de guardas até um dos guardas que as guardava. Isso me dizia que as palavras de Hegai eram verdadeiras: eu era apenas mais um pedaço de carne sendo jogado a um leão enjaulado. Os olhares errantes para mim não teriam sido tão livres se eles acreditassem, sinceramente, que este era um jogo que poderia ser vencido, que eu poderia me tornar rainha.

Meus lenços esvoaçaram enquanto eu caminhava, as ricas sedas vermelhas emoldurando as joias de cobre e ouro, fazendo-me parecer a estrela da manhã, antes de um avermelhado nascer do sol. Percebi o aroma do meu perfume como uma brisa que se movia entre as colunas do corredor. Eu tinha sido ungida nos lugares mais improváveis com um perfume feito de flores de lótus, adicionado a óleo de crocodilo. A flor de lótus era afrodisíaca, e Ashtari me disse que o óleo me daria o inigualável poder do crocodilo. Tudo fora feito para assegurar minha concepção esta noite. Fui alimentada e esfregada e lavada com ervas de todas as variedades, e, quando o Mago veio para me ungir com feitiços e magia em meu ventre, só então recusei seus apelos para me preparar.

Ashtari me ofereceu um vinho forte e estimulante para beber antes de me dar adeus. Eu não sabia por que meus sentidos deveriam ser embotados antes de uma noite tão importante. O tom na resposta de Ashtari foi calculado; eu poderia dizer que não queria revelar meu nervosismo.

– Você está indo para a cama de um homem pela primeira vez, Ester – ela respondeu. – E deve esperar que haja dor. Só vou adverti-la de que sorria durante todo o tempo, ou pelo menos desvie o rosto se você não puder. Você não gostaria que o rei pensasse que não a encantou. – Um sorriso brincou em seus lábios, e eu tentei sorrir de volta.

Cheirei a bebida, para não ofendê-la, mas meus olhos arderam e afastei a taça de volta para ela de imediato, sem experimentá-la.

Dizer adeus a Ashtari foi muito mais difícil do que eu imaginava. Nesta noite de despedidas, meu coração está doendo. Não consigo parar de pensar, também, no meu amor, Ciro. Era para sua cama que eu deveria estar indo. Meu corpo deveria ter sido preparado para ele, para a nossa noite de núpcias, não para ser outra oferta a um rei glutão. Ciro tinha me despertado para o amor; é cruel que outro homem seja meu amante. Mas D'us me ajuda agora, pois esta batalha em minha mente é esmagadora, e eu tenho de ser livre para fazer o que é necessário. Pelo menos ainda há um pequeno alento: assim como Mardoqueu foi capaz de me enviar mensagens de consolo dentro do harém, ele me encontrará, aonde quer que eu vá depois desta noite. Não vou desanimar.

Hegai me levou mais para a frente no grande salão, até ficarmos debaixo de um grande friso de cavalos correndo. Ele era três vezes maior do que o tamanho dos cavalos reais, e fiquei impressionada com o esplendor do palácio real. Não admira que este era um povo idólatra, quando o rei vivia em um palácio mais adequado para um deus do que para um homem. Comecei a sentir meus joelhos fracos e doloridos.

Hegai parou no conjunto de enormes portas de cedro esculpidas logo além do friso, e soltou a minha mão, para sempre.

– Nossa viagem terminou, minha criança. – E sorriu. – Faça tudo como instruí, e rezarei aos deuses para a favorecerem.

Apertei minha mão na dele.

– Há apenas um D'us, Hegai. É YHVH, D'us dos judeus. Prometa-me que, mesmo muito tempo depois que eu tenha ido embora, você não vai se lembrar de mim, mas desse D'us. Então terei servido bem a você, meu querido amigo.

Hegai se abaixou para beijar minha bochecha.

– Eu vou sempre me lembrar de como você amou esse seu Deus, de como Ele acalmou seu tempestuoso coração. Você é uma mulher que qualquer deus orgulhosamente reivindicaria. Ele deve estar sorrindo esta noite. – Então, sussurrou: – O leão a espera.

Eu desejei agora ter aceitado o forte vinho de Ashtari.

Entrei lentamente no quarto escuro, enquanto o medo lutava para controlar minhas pernas. Apesar de manter os olhos baixos, podia ver pessoas movendo-se, preparando o aposento. Havia uma grande cama ornamentada, um recipiente com água e ervas, e uma mesa de pergaminhos com peças douradas na extremidade as quais brilhavam à luz do luar que se infiltrava, humildemente, a partir de uma abertura no telhado. Será que até mesmo a lua tinha medo de perturbar esse homem?

– Venha cá! – foi a ordem cortante do rei.

Os servos começaram a se retirar imediatamente, exceto dois Imortais, soldados com machados assustadores que guardavam Xerxes dia e noite, mesmo nos momentos íntimos de sua vida. Ver-me entrar e aproximar-me da cama, essa era uma cena que conheciam bem, noite após noite. Eu sabia que devia entrar pelos pés da cama, em silêncio, rastejando sob os lençóis, e deitar-me lá, aguardando a iniciativa do rei. Mas não rastejarei para ninguém, e certamente não entrarei em uma cama pelos pés. Não vou me desonrar para exaltar o rei. Se eu morrer por romper com a tradição de mulheres mais fracas, então pelo menos vou morrer tendo conhecido a dignidade.

Andei até o centro do cômodo e parei. Não levantei os olhos, mas podia ver o contorno de uma pilha de almofadas no chão atrás de um véu fino dividido de um lado. Lá, no centro, devia estar o meu rei.

– O que é isso que Hegai me trouxe esta noite?

Fiz uma pausa.

– Eu não entendi sua pergunta, meu senhor.

– Quem é você? – foi a sua pergunta impaciente.

– Eu sou chamada de Ester.

– Ah, Ester, como as estrelas. Uma mulher que está acima de tudo. – Eu não sabia dizer se ele estava zombando de mim. – Diga-me, Ester, de que estrela você recebeu o nome? Você pode apontá-la? – Ele gesticulou em direção à varanda aberta.

– Não, meu senhor. Minha mãe morreu quando eu era apenas uma criança. Ela não teve tempo de me dizer essas coisas.

(Minha mãe nunca teria me conhecido por esse outro nome. Foi ela quem me nomeou Hadassa.)

– E seu pai? – ele perguntou.

– Meu pai está morto também, meu senhor. A Grande Febre que varreu seu império o levou sem aviso prévio.

– Bem, você deve ser excepcional por ter sido trazida para mim tão cedo no processo de seleção. – Na verdade, ele deve ter tido mil mulheres até agora do novo harém, além de suas inúmeras esposas. Ele continuou: – Deixe-me ver seu rosto.

Levantei ligeiramente meu rosto para o luar, virando-o com delicadeza em cada direção. Tive o cuidado de não fitar o rei.

– Dispa-se.

Eu não consegui evitar. Olhei-o agora, de repente, antes de desviar meus olhos de volta para o chão.

Xerxes riu alto.

– Uma menina de harém é tímida?

Escolhi este momento e olhei-o diretamente.

– Não sou tímida, meu senhor. Eu sei por que fui trazida aqui. Mas sou eu mercadoria que deva ser apresentada como pechincha no mercado? Não. Não vou negociar minha própria carne. Você me comprou, e eu sou sua.

Fiz uma reverência e retirei-me para a varanda. Meus joelhos ainda tremiam, e me senti fraca. Engoli em seco no ar da noite e orei por sabedoria. *Não é Xerxes o animal enjaulado,* pensei, *sou eu!*

– Benevolente Senhor – sussurrei para o céu noturno –, não me atrevo a desonrá-Lo, mas devo agradar ao rei também. Oriente o coração dele, Senhor, e oriente meus passos.

Senti que ele veio atrás de mim na varanda. O vento trouxe seu perfume, óleos e cravo, e um aroma de almíscar como quando o sol incide nos cedros. Virei-me para ele agora e encarei-o com uma expressão suave. Deixei meus ombros cederem ao respirar fundo, tentando recuperar meu equilíbrio, e meu manto começou a deslizar suavemente por um de meus ombros. Eu sentia muito medo para movê-lo de volta para o lugar enquanto observava a expressão do rei.

Ele ergueu uma sobrancelha enquanto seguia a silhueta do meu corpo sob o manto. Ele estendeu a mão e colocou o manto de volta no lugar. Tentei me lembrar de respirar. Eu não achei que ele fosse se forçar a mim. À luz da lua eu era capaz de vê-lo claramente. Ele era muito mais velho do que os meus vinte anos, é claro, mas talvez estivesse na casa dos trinta apenas. Seu cabelo, preto, grosso e revolto, estava penteado para trás em uma onda a partir da testa. O rosto, bastante quadrado, parecia ser esculpido a partir de um pedaço de granito inflexível, como se o artista tivesse ficado cansado de sua resistência e deixado as arestas. Os lábios eram carnudos, mas eu podia ver as linhas profundas já se instalando no rosto e na testa. Perguntei-me se eu o teria achado atraente quando ainda era uma menina no mercado.

Fiquei imaginando, também, que ele era o homem por quem tantas mulheres teriam me pisoteado. Mas, então, não era por ele, mas pelo reino que elas ansiavam. O rei e eu éramos, cada um, mercadorias. Os olhos dele eram agudos e, quando me olhou, pareciam os olhos dos negociantes mais difíceis no mercado, que se recusavam a vender por preços menores. Encontrei meus pensamentos, o ano passado imaginando este homem, desmoronando e tomando forma, da mesma maneira que as rochas deslizam em uma montanha e assumem outra forma quando param. Tudo se ajustou em torno dessa nova forma, esse homem próximo e presente que antes existia apenas em minha mente. Eu me senti reconfortada ao ver que ele era realmente um homem, e não um deus. Mas meus passos também não estavam seguros aqui, e meus pensamentos irrisórios desmoronaram de novo, quando vi que ele não era como nenhum outro homem que eu havia conhecido.

– Diga-me, minha estrela – ele falou, virando para olhar o céu da noite –, diga-me o que as mulheres do harém comentam sobre mim.

Fiquei grata por meu ano passado no harém não ter embotado minha mente enquanto ela girava loucamente à procura de uma resposta.

– Dizem que você é um leão como homem, e que toda garota passa a viver no harém das esposas como uma mulher feliz, tendo visto a sua glória. – Havia verdade o bastante para soar verdadeiro para ele, e decepção suficiente por eu ter de abafar um sorriso.

– E o que você diz sobre mim? – ele perguntou, com o dedo traçando meu rosto suavemente agora ao se virar e aproximar.

Eu não gostava de ter um homem, que era desconhecido para mim, com tanta intimidade, mas, então, eu era apenas uma garota do harém.

– É verdade que eu nunca vi tal esplendor no palácio de um rei. (Na verdade, querido diário, eu nunca tinha visto qualquer palácio antes!) Mas eu não posso dizer se você é um leão ou não. Eu vi apenas homens, e você é um rei.

– Bem, deixe-me ser um homem então, e não um rei, e dê seu veredito pela manhã – ele comentou com uma risada maliciosa, enquanto tirava lentamente a coroa e o manto real. Depois, tirou o anel de sinete e colocou-o sobre a mesa de pergaminhos.

Percebi que o rei gostou de minhas respostas; podia senti-lo brincando com a caça. Mas algo mais estava mexendo com ele, uma inquietação que o fazia infeliz. Então apontou agora para os pergaminhos e pegou um deles, grande e cheio de detalhes, desenrolando-o na cama e fazendo sinal para que eu o olhasse.

– Será que eles acondicionam mais do que seu corpo no harém? – perguntou.

Eu não entendi a pergunta.

Ele falou de novo, impaciente:

– Você gosta de enigmas?

Balancei a cabeça lentamente.

– Então me diga, Estrela, o que isto significa. Fui derrotado na Grécia por uma estratégia simples. Nós os suplantávamos aos milhares, mas eles forçaram a batalha em uma passagem estreita; apenas alguns dos meus homens podiam lutar de cada vez, e assim minha força era inútil. E, em seguida, um truque tão simples, tão brutal, que nunca me abandonou, mesmo enquanto durmo: eles atearam fogo em seus maiores navios, e os usaram como armas batendo contra a nossa frota. Aqueles navios majestosos, destinados a transportar as tropas, tornaram-se o instrumento de nossa destruição, mesmo à custa da vida deles. Quem pensaria em utilizar um navio dessa forma, exceto os mais desesperados e fracos? Por que eu era incapaz de vingar o nome do meu pai, e o grande nome da Pérsia?* – ele rosnou essas últimas palavras, e eu podia afirmar que o rei queria sabo-

* O rei Dario havia tentado conquistar a Grécia, mas sua frota foi destruída ao largo da costa grega. De acordo com relatórios da BBC, um pescador local grego achou dois elmos de bronze de guerreiros, em 1999, junto com a rede. Especialistas acreditam que o pescador encontrou o local onde a frota de navios de guerra persa afundara, e atualmente estão tentando localizar outros artefatos.

rear vingança. Rumores no harém diziam que, de fato, já tinha existido alguma medida de compensação pela queima da bela cidade de Atenas.

– Meu senhor, se me permite falar sobre questões nas quais não fui treinada – e seu olhar me disse que ele ficaria muito entretido –, devo acreditar que foi melhor assim.

Seu olhar gelado fez o medo atravessar minhas pernas novamente.

– Meu senhor, cada província, tão longe quanto o olho ou mesmo a mente pode alcançar pertence ao rei. – Fiz um gesto em direção à varanda e levei-o até lá lentamente pela mão. – O senhor pode ver qualquer coisa que não possua?

Juntos, olhamos fixa e silenciosamente através dos jardins, em direção ao horizonte do império.

Depois de um momento, continuei:

– O senhor é realmente um grande leão, que capturou todas as presas destas planícies. O senhor governa o mundo, e a Grécia é agora não mais que um rato para mantê-lo entretido. O rato manterá as garras afiadas, e os instintos aguçados. Ele não é uma ameaça, por isso gostaria de exortá-lo a desfrutar seu jogo.

Ele ficou em silêncio enquanto avaliava minha resposta cuidadosamente.

– Muito bem, Estrela. Você é sábia. Como é possível que seja uma mulher? O que eles lhe ensinaram no harém? Eu achei que o assunto seria mais carnal – continuou enquanto sua mão alcançou o cinto do meu manto.

Recuei rapidamente para dentro do cômodo, mas com um sorriso.

– Meu senhor, algumas coisas não podem ser ensinadas. Eu fui trazida aqui esta noite para ser mais uma de suas conquistas, não é? Mas o senhor não é o único que sabe como ir para a guerra.

Xerxes estava totalmente vívido agora, com os olhos brilhando e a pele corada.

– Você está em guerra? O que, ou devo perguntar quem, você deseja conquistar?

– Talvez eu tenha vindo para conquistar um rei, mas descobri um homem.

Afastei-me dele, para o outro lado de sua cama. Seus olhos nunca deixaram os meus. Sustentei seu olhar e tirei meu manto externo.

– As mulheres lhe dão os seus corpos a cada noite nesta cama. Mas alguém já lhe deu seu coração? Sua coroa pode dar ao senhor direito a meu corpo, mas terá de lutar por meu coração – falei enquanto o leão começou a me rodear lentamente.

– Por que eu deveria lutar pelo coração de uma mulher? Tenho seus corpos. Isso é suficiente para mim. E por que você deveria querer o homem? Se você me der uma criança esta noite, não viverá uma vida de facilidades inimagináveis? Por que complicar a questão, querendo também o homem? – comentou calmamente.

Hegai estava certo: eu soube que era o momento de atacar.

– O senhor está sozinho neste palácio, rei Xerxes, como eu estou – disse a ele. – Suas mulheres querem apenas o seu dinheiro; seus conselheiros querem apenas a sua coroa. Com quem o senhor conta para confiar? Quem já amou o homem, e não só a coroa? E quem vai amar essa mulher, e não só o seu corpo?

– Você não renunciaria ao seu coração, mesmo se eu lhe tomar o corpo? – Xerxes perguntou, surpreso, mas de nenhuma maneira alarmado. – Então me diga, Estrela, como vou ganhar o seu coração? É uma questão de ouro, ou você prefere as palavras lisonjeiras de um pretendente? Será que já tive tantas mulheres na minha cama só para esquecer o que elas querem? Diga-me o seu preço, e vamos chegar a um acordo de uma vez – ele disse, movendo o pergaminho da cama para a mesa enquanto seus olhos me seguiam com uma certa fome. O reino, seu império, pareciam estar a meus pés agora.

– Oh, tenho medo que seja um preço que está acima até mesmo do senhor, e da riqueza de todos os seus tesouros – respondi.

Ele pareceu impacientar-se agora, e temi estar testando-o em demasia.

– Ester – ele suspirou –, a carne das mulheres é apenas um *hobby* para mim, uma diversão. Por que você deve tratar isso como sagrado? Fazer amor é só um prazer fugaz.

Minha voz ficou mais profunda, vinda de algum lugar do meu interior.

– Eu sou uma mulher, criada à imagem do único e verdadeiro D'us. Não colocarei Sua glória aos pés de nenhum homem, e por nenhum prazer fugaz. Tocar em mim é tocar o Eterno.

Ele não falou. Eu não podia dizer se estava irritado com a demora, ou se minhas palavras tinham encontrado seu objetivo. Ele nem sequer pareceu questionar a que D'us eu estava me referindo nesta terra pagã. Mas, novamente, suspirou, e esfregando as têmporas, cansado, ele me perguntou novamente:

– Então, diga-me o seu preço, minha querida. Qual a compensação que devo lhe dar agora por seu coração, e, assim, por seu corpo esta noite?

– Há apenas uma compensação para o coração de uma mulher – continuei –, e isso é... o amor, dado em honra. Esse é o preço que eu lhe pediria. Não sou ingênua, rei Xerxes. O senhor ainda pode ter meu corpo esta noite. Na verdade, não me resta nenhuma escolha sobre esse assunto. Mas meu coração é só meu, e não vou deixar isso para trás amanhã de manhã.

Xerxes ficou em silêncio por um momento.

– Toda mulher que vem à minha cama vem apenas a pedido do meu dinheiro, e para ter o meu dinheiro, isso é verdade. Mas você, Ester, você viria pelo homem, e não pelo rei? Você seria vencida apenas por amor, e não pelo ouro? – perguntou.

Não respondi, mas apenas encontrei seu olhar com igualdade.

Ele olhou através dos pátios para o céu da noite.

– É verdade que eu não tenho ninguém neste palácio, embora muitos sejam meus companheiros. Três tentativas foram feitas contra minha vida até agora, e eu tenho um herdeiro no exílio que certamente irá se voltar contra mim um dia. Tenho enfrentado rebeliões no Egito e na Babilônia, e o fracasso dos meus homens para conquistar a Grécia. O que posso lhe oferecer, Ester? Não há segurança aqui; não há paz. Você diz que quer apenas o amor. Mas, para todos os outros, minha rainha só será respeitada, nunca amada. Ela nunca conhecerá o sono profundo e reparador, e nunca saberá quando seu tempo acabará. Eu posso ficar longe cuidando do reino, escolhendo meu harém, ou morto no palácio enquanto um assassino vem procurá-la. Então mais uma vez eu lhe pergunto, Ester: você viria pelo homem, e não pelo rei?

Quando balancei a cabeça, ele tomou uma decisão. Os Imortais que guardavam o cômodo, os rostos inexpressivos durante toda a noite, agora se entreolharam.

Ele se virou, pegou seu anel da mesa de pergaminhos e caminhou com firmeza para mim. Eu estava contra a beirada da cama sem nenhum lugar para onde ir agora. Tomando minha mão na sua, ele colocou o anel no meu dedo. E estava tão perto que eu podia sentir o profundo cheiro natural de seu peito. O corpo dele se tornou uma fortaleza escura ao me abraçar e me puxar para perto, e, finalmente, pude deixar a fraqueza dos meus joelhos ceder. A respiração de Xerxes era quente quando sussurrou em meu ouvido:

– Então não terei o corpo, se eu não posso ter seu coração. Dê ambos para mim esta noite, e seja minha rainha.

Olhei o anel em meu dedo, enquanto minhas pernas amoleceram diante da proximidade e do comportamento de Xerxes. Lutei para respirar e fazer uma última pergunta. De alguma forma, eu sempre esperei me casar segundo o costume do meu povo, mas esqueci que esse rei não era nem mesmo judeu. Meu coração estava acelerado, minha mente girando longe até mesmo quando meu corpo cedeu ao dele; o grande leão estava finalmente tomando sua presa.

– Então, isso é tudo? Sou a sua rainha agora? – perguntei.

Xerxes sorriu, deixando cair a alça no meu ombro.

– Minha pequena estrela, esta noite você vai aprender muito. Não são minhas palavras a lei desta terra? Sim. Você ganhou o seu pedido, e eu ganhei uma noiva.

Não precisamos de mais palavras naquela noite.**

** Ver comentário correspondente na página 316 do anexo.

31

Trigésimo dia do mês de Tevet
Oitavo ano do reinado de Xerxes
Ano 3399 após a Criação

Uma serva me despertou esta manhã, e por um momento acreditei estar no harém. Em vez disso, ela me trouxe uma bandeja de chá quente e bolos feitos com uvas-passas, acompanhados de pequenas fatias de pão fininho e manteiga grossa, e, após depositá-los à beira do leito, saiu rapidamente. Sentei-me na cama, mas Xerxes havia partido. Como é estranho acordar sem receber imediata atenção à minha ornamentação e aos meus cuidados.

Olhei o anel em meu dedo. Como ele parecia diferente; como tudo parecia diferente ao sol matutino. Todos os meus pensamentos deste último ano se concentraram na noite anterior. Agora estou aqui, e não sei o que fazer.

Sinto-me irritada porque ninguém me preparou para estes momentos após ser recebida por Xerxes. E eu desejava ter visto o rosto de todos quando ouviram que eu ganhara a coroa. Mas há pouco tempo para imaginar mais. Devo chamar uma serva, encontrar vestes novas e recomeçar minha aventura.

32

Décimo sexto dia do mês de Shevat
Oitavo ano do reinado de Xerxes
Ano 3399 após a Criação

Levam-me ao rei muitas noites agora. E tive de esquecer o que me ensinaram, no harém, sobre sedução. Devo aprender a amar, mas meu coração é a mais indisciplinada criança, e ainda não posso forçá-lo a amar plenamente esse homem. Afinal, eu decidi resignar-me como Hegai tem feito, porque, se serei chamada para a cama do rei tantas noites, aprenderei a amá-lo; é apenas dessa maneira que poderei redimir meu sofrimento. Estranhamente, sinto-me mais próxima de Hegai agora. Sou um eunuco do meu próprio jeito, ou seja, o que era precioso e vital para mim foi cortado pelo comando da coroa, tornando-me mais apropriada e mais obediente do que uma mulher inteira seria. Estava devastada, mas conseguirei reconstruir-me, mesmo aqui, mesmo agora. Amarei novamente. Uma sombra de culpa ainda recai sobre mim enquanto escrevo estas palavras, como se o vento as levasse até Ciro e o magoassem. Sou muito estúpida para imaginar que ele ainda me espera, ou mesmo que se importa. Os homens são muito mais resolutos em suas afeições, o que é simples de ver quando estou próxima a Xerxes. Eles decidem amar ou abandonar até que o processo seja concluído.

Minhas noites são do rei, mas meus dias pertencem a mim. Assim, eu vago pelo palácio da rainha (o meu palácio!) interminavelmente. Ele um dia pertencera à bela rainha Vasti, que agora está exilada, e uma judia exilada está na cama dela. Tudo ainda é misterioso para mim, no sentido de como meus dias se ajustam a esta nova vida. Claro que não contei a ninguém que sou judia. Apenas Mardoqueu, D'us e este diário são testemunhos de minha decepção. Rei Salomão disse uma vez que há tempo para tudo debaixo do sol; Mardoqueu fala que não devo revelar minha herança até que chegue a hora. Mardoqueu ainda me desliza mensagens por meio dos eunucos, e ele me aconselha sobre os falatórios do palácio, e sobre como devo continuar escondendo que sou judia. Mas não sou infeliz enquanto espero. Meus dias são preenchidos com os preparativos para a coroação real e a festa. Xerxes, em homenagem à minha coroação, livrou todos na província de Susã do pagamento de impostos este ano. Só imagino como deve ter sido a reação nas ruas.

Tento não pensar nas ruas. A alegria pela coroação esconde um pequeno problema: perdi minha liberdade para sempre. Como rainha da Pérsia, viverei no palácio da rainha para o resto dos meus dias. Se alguma vez tive uma esperança de rever meu primo Mardoqueu, ou de deleitar meus olhos no rapaz cuja recordação ainda corre em minhas veias, ela com certeza desapareceu. Só na coroação o público – os nobres dominantes – terá a oportunidade de me ver. Depois disso, minha beleza e os meus dias existirão apenas para o prazer do rei. Entretanto, tento não pensar nisso. Mardoqueu permanece perto do palácio à noite para me enviar a expressão da aldeia. Sou capaz de enviar uma serva para buscar as mensagens de meu primo e entregar fragmentos de minhas novidades a ele. Afinal, tudo isso pesa em minha mente, ainda que uma grande alegria me tenha sido dada: tenho permissão para escolher minhas servas e meu pessoal, e selecionei minhas servas pessoais do harém, incluindo Ashtari. Foi maravilhoso abraçá-las de novo. À medida que a data da coroação se aproxima, os fiapos soltos de minha vida entrelaçam-se em seu derradeiro e glorioso propósito. D'us exaltou a órfã e defendeu a causa dos mais fracos. Caso minha história terminasse aqui, hoje, eu ficaria contente só por saber que D'us é tudo, e está em tudo.

33

Vigésimo dia do mês de Shevat
Oitavo ano do reinado de Xerxes
Ano 3399 após a Criação

Hoje é a coroação! Todos nós fomos deslocados para Persépolis, um lugar mais adequado para um grande cortejo. Exceto por uma rápida sesta e ervas para aliviar meu estômago embrulhado, passei as horas mais ou menos do mesmo modo daquele fatídico dia bem mais de um ano atrás, quando fui a primeira trazida aqui como uma garota do harém. Já fui esfregada e descamada por pétalas que friccionaram com vigor meu corpo, para lhe transmitir um perfume adocicado. Ashtari me fez mastigar cravo para meu hálito e meu estômago enjoado. Minha boca está ferida! Pedi-lhe que não me desse nada mais, talvez apenas a resina que tenho visto as donzelas mastigarem, mas, em vez disso, ela me deu limões. Minha boca pode estar em fogo, mas Ashtari quer garantir que meu hálito seja doce para o rei. Após o banho, as garotas ergueram meu cabelo para cima da cabeça, os fios mantidos juntos com joias e cordões de rubi. A veste para a noite é de um azul puro, amarrada em volta de minha cintura por uma faixa branca, e, em cima de tudo, um manto de rubis e correntes de ouro.

Estou esperando nervosamente ser chamada para o início da procissão. Vamos, minhas criadas e eu, ser levadas para fora e, então, entrar em uma carruagem feita de ouro e alabastro, cujas colunas, ao que parece, são tecidas de marfim e ébano. As sedas que o rei importou de suas províncias do Leste foram tecidas com o brasão real, drapeando para baixo, o que me ocultava da multidão curiosa.

Pouco antes de eu sair, Ashtari havia prometido entrelaçar uma rosa vermelha fresca em meu cabelo também. Lembro-me de casa, e Mardoqueu parece próximo. Quando sinto saudades de casa, muitas vezes envio um eunuco para colher as rosas de meu jardim. Na verdade, os jardins estão cheios de flores, mas nenhuma rosa é tão doce quanto aquelas onde cresci. Agora, elas estão selvagens e abandonadas, no entanto o eunuco nunca me questiona. Afinal, foram as rosas uma vez enviadas para o banquete do terceiro ano de Xerxes.

Deseje-me o melhor – este talvez seja o momento mais emocionante de minha vida, e precisarei acalentá-lo novamente quando nossos tempos se tornarem frios.

34

Vigésimo primeiro dia do mês de Shevat
Oitavo ano do reinado de Xerxes
Ano 3399 após a Criação

Agora, estou deitada sozinha na cama, após ter sido finalmente deixada pelo rei. É impudico dizer que preciso dormir? Xerxes é um homem que, além de governar o mundo, fica fascinado por qualquer coisa que está fora de seu alcance. Minha honestidade em todas as questões, exceto naquela, o atrai para mim. No entanto, ele não tem limites: bebe excessivamente, recusa a se sentar e ouvir os relatos das províncias menores, e ainda dorme com as garotas do harém noturno. Embora seja um homem que se entrega a seus apetites, acredito que tem um coração nobre, ainda que enterrado sob camadas de indulgência. Preocupo-me com a atenção negligente que dedica ao reino.

Porém, estou falando de Xerxes e quero lhe contar, querido diário, sobre a coroação. O sono está fechando delicadamente meus olhos, então contarei tudo com rapidez e deixarei isso com você.

Ao entardecer, cavalguei na minha carruagem real em direção ao palácio, ao longo da grande Estrada Real. Aldeões surgiram, colocando na estrada ramos perfumados antes de a carruagem passar, chorando de alegria e jogando presentes como nozes e feixes de flores secas com especiarias. Eu não podia revelar-me a eles, é claro, mas, oh, estar entre meu povo de novo, mesmo que reclusa atrás de um véu! Tentei aspirar a própria essência dele, e esperava que Mardoqueu estivesse lá. Talvez ele até mesmo corresse ao lado da carruagem, como alguns dos rapazes. Minhas servas espiavam para fora de vez em quando, para me transmitir as informações. Elas estavam felizes e livres, e contagiadas por toda a ostentação do momento.

Quando diminuímos o ritmo à medida que entrávamos nos jardins do palácio, ouvimos os portões fecharem atrás de nós, e um clima sombrio nos invadiu. Tínhamos todas esperado esse momento, e eu sabia que algumas das servas nem sequer haviam se imaginado nessa vestimenta nas muitas noites em que sonhavam. Tentei dar a cada garota uma palavra de encorajamento, enquanto nos preparávamos para a cerimônia, motivando-as a pegar mais tarde os presentes deixados na carruagem.

Quando o véu se abriu, os guardas do palácio focaram sua atenção nos cavalos, pois havia tochas acesas contra o céu da noite. Era o Portal de Todas as Nações que Xerxes havia contratado. O portal ficava entre duas escadas monumentais, em homenagem a Ahura Mazda. Esculturas de todas as nações do mundo se alinhavam nas escadas, e vi o acervo magnífico dos povos, de todos os tipos e estilos. Então, fui levada através do Portal para o Grande Salão das Cem Colunas, ainda mais impressionante do que o Portal, pois cada painel destacava uma escultura de Xerxes em combate. Era esse o homem gentil que eu havia conhecido em seus aposentos? O olhar do guerreiro seguia-me por todos os cantos, conforme era conduzida ao palácio por um homem chamado Hataque, seguida por minhas servas com as cabeças curvadas e caminhando lado a lado. Guardas permaneciam em pé em atenção, as espadas desembainhadas, conforme prosseguíamos por um enorme corredor, em direção a um par de portas duplas, grandes o bastante para aprisionar o próprio sol. As portas eram entalhadas com árvores e flores e um rio que serpenteava através de todas elas. Então, Hataque virou-se para mim e curvou-se, e arrastou as portas.

Como descrever o que vi? Imagine o mais esplêndido salão, repleto de flores de todos os tipos de fragrância e cor. O ouro e prata e joias que adornavam cada objeto e cada convidado brilhavam tão intensamente que eu quis cobrir os olhos. Velas pingavam cera grossa pelas arandelas ao longo de duas paredes. E lá estava meu rei esperando-me, e todos os olhos se voltaram para mim quando iniciei a caminhada lenta em direção a ele. Eu sentia todos tentando beber cada detalhe do meu rosto, do que usava, de como sorria, mas, sobretudo, sentia o prazer do rei ao saber que a multidão estava extasiada. Na verdade, se não me acharam bonita, minhas joias sozinhas ofuscariam todos até que ofegassem.

Subi os degraus para me unir a Xerxes, seus olhos nunca se afastando dos meus. Curvei-me e ajoelhei-me diante dele, que tirou sua coroa real e colocou-a em minha cabeça, em seguida retornando-a à dele. Então se ajoelhou a meu lado e, pegando minhas mãos, beijou-as suavemente. Nesse momento mais precioso que todos, achei que havia detectado o aroma de um perfume do harém nas roupas do rei, mas fechei os olhos com força e afastei o pensamento. Estou certa de que os convidados viram uma mulher atingida pelo arrebatamento do rei.

Ele retirou uma espada a seu lado, gravada com o brasão de seu trono, e, no altar, cortou um pedaço de pão em duas metades. Então me alimentou com sua metade enquanto eu lhe dava a dele, e tomamos um inebriante vinho tinto com especiarias em uma taça que trazia nossos nomes. Eu fora consagrada rainha pelas palavras de Xerxes na primeira noite em seu aposento. Agora o povo testemunhava a palavra do rei e a aprovava.

Quando nos viramos para encarar a multidão, um estrondo de aprovação elevou-se. Descemos as escadas e passamos pelo povo novamente, em direção ao palácio. Grandes caixas, revestidas por um tecido bonito, de repente abriram, assustando-me. Agarrei o braço de Xerxes, e ele riu. Em cada caixa havia centenas de aves, que dispararam rumo ao céu, pela raiva e indignidade de estarem antes confinadas. Vendo-as dispersar e nos censurar bem alto, acabei rindo também. Então, um servo entregou a cada um de nós um pesado colar de moedas, e assisti a Xerxes enquanto desamarrava com facilidade as moedas e jogava-as para a multidão. Eu o imitei, olhando em volta para os mais jovens.

O povo iria para a festa que estava sendo preparada, mas era costume que Xerxes e eu não nos uníssemos a eles até depois da meia-noite, quando festejaríamos e beberíamos até que saudássemos juntos o primeiro amanhecer de nosso reinado oficial.

O braço de Xerxes envolveu minha cintura, e ele me levou para o palácio. Seu dormitório fora preparado para nós, e mais uma vez estávamos sozinhos. Rosas espalhavam-se por toda parte, flores frescas e pétalas desidratadas, e um banho de vapor feito com água de rosas. A Pérsia era de fato o reino das rosas, um requinte que Xerxes não desperdiçava. Mas, essa noite, o rei tinha muito mais na mente do que fazer amor. Experimentei do tabuleiro de queijos e uvas, e servi a cada um de nós o vinho em cálices encomendados para essa noite. Xerxes, com um gesto, afastou tudo que lhe oferecia; então, acomodei-me no banco perto da cama e esperei o comando do rei.

Ele parecia arder em um intenso desejo de me revelar algo, e esperei com paciência enquanto as palavras lentamente se formavam. Xerxes caminhou pelo quarto, as mãos repousando com suavidade nas peças preciosas e nos cântaros. Eu não sabia se a coroação de Vasti havia sido igual. Onde estava a mente de Xerxes agora que voltara a esses aposentos, mas a rainha era outra? Finalmente ele se virou para mim.

– Eu herdei meu trono, Ester. Dario, meu pai, não tinha direito legítimo para reivindicá-lo; você sabia isso?

Balancei negativamente a cabeça; eu não sabia a história da ascensão de Dario ao poder. Na verdade, queria contar-lhe que conhecia tudo sobre Dario e sua bondade para com um judeu chamado Daniel, que sobreviveu após ser atirado na cova de um leão, entretanto temia revelar muito.

Xerxes continuou:

– Meu pai, Dario, fazia parte de um conselho de nobres. Eles haviam crescido irritados com a vida repugnante do filho de Ciro, o Grande, que tomara o trono. Desse modo, o filho foi assassinado, embora ninguém tenha afirmado saber como isso havia acontecido, ou pela mão de quem. Mas, para o reino sobreviver, alguém precisava rapidamente assumir as rédeas. Os nobres, após muito vinho e festejos regozijando a morte do filho, olharam sobre seus cavalos, parados em pé, formando um círculo ao redor da fogueira, e decidiram que o proprietário do primeiro animal que relinchasse ao nascer do sol seria o novo rei. Meu pai, um homem inteligente, controlou sua bebida mais que os outros. Mesmo assim, não sei explicar como ele agiu, mas seu cavalo foi de fato o primeiro a alardear a ascensão do sol. – Xerxes riu, pensando na história agora. – Aquele cavalo nunca mais trabalhou um dia de sua vida – ele disse rindo, entre respirações profundas.

Eu também ri, e desejei que a vida de Dario tivesse sido mais longa; talvez cuidasse dele.

– Ele deve ter sido ao mesmo tempo inteligente e forte – eu disse.

– Ah, mas, Ester, foi muito complicado para ele ter aderido a isso – Xerxes comentou mais sombrio agora. E continuou a história: – Meu pai lutou guerras e sacrificou sua vida em insurreições, até finalmente morrer como havia vivido. Mas eu tenho um novo sonho para um novo mundo. Sonho com a paz, e com a prosperidade do povo. Sou um homem de guerra; lanço-me nela como uma criança movimenta os dentes para um biscoito. Para ocultar essa verdade, tenho me cercado de consultores excelentes, dos quais aceito todos os aconselhamentos nas questões relacionadas ao Estado e às civis. Não preciso de ninguém para me dizer como derramar sangue. Mas preciso deles para me dizer como promover a paz. Eu fico agitado quando escuto os conselhos, pois não tenho intuição sobre as leis para uma vida suave, um reino calmo. Então, você precisa me conhecer e saber desse conflito em meu coração: sou um homem de guerra dado a um reino pronto para a paz. Finjo interesse quando meus consultores falam, mas não é possível que arraste meu coração de volta quando em um campo de batalha. Não posso mudar meu interior, Ester. E jamais tentei, até que você apareceu. Você é capaz de me tornar um homem da paz. Preciso ser. Você pode me enquadrar no governo de uma nação, e não apenas na conquista. Beije-me e transmita-me a sabedoria de suas palavras. Deite-se comigo e ensine-me o que é amor.

Ele começou a beijar meu pescoço com suavidade e a acariciar meu cabelo. Então, movimentou-se para minha frente e, enquanto falava, caiu sobre um joelho:

– Faça-me o homem que os poetas da corte dizem que sou. Faça-me digno desta coroa que uso. Faça-me, minha estrela, digno de você.

Nesse momento, diário, comecei a amar. O coração que não seria forçado ao amor parecia ir de boa vontade agora. Xerxes é um bom homem, e ele será grande. Agora eu também começo a sonhar com esse império e com o que ele poderá ser.

Amanhã à noite, assistiremos a uma exibição real para todos os habitantes do império. Os mais valentes guerreiros de Xerxes lutarão um contra o outro e com animais terríveis. Contaram-me que os guerreiros silenciosos e rápidos do Oriente são os favoritos para vencer, embora os poderosos de nossa região usem armaduras bem pesadas. Veremos. Como um presente especial, Xerxes permitiu-me escolher um eunuco sob seu próprio domínio para me atender aqui no palácio. Eu, é claro, escolhi Hegai. O melhor que posso fazer é cercar-me dos confiáveis que me ajudaram a alcançar a coroa.

Contado isso, vou deixá-lo. Xerxes, sendo preparado bem agora, em breve estará pronto para participar da festa da meia-noite. (Como consegui aprontar-me primeiro é uma questão de comicidade para mim, pois ele trocou de vestes várias vezes, procurando aquela que lhe acentuasse a coroa e as correntes de ouro no pescoço forte.) Aparecerei em breve, com o rei em meu braço, e participarei do banquete que me foi negado quando era uma menina sob a guarda de Mardoqueu.

35

Sexto dia do mês de Adar
Oitavo ano do reinado de Xerxes
Ano 3399 após a Criação

Não sei por onde começar.

É possível a vida mudar muito rapidamente. Relâmpagos podem destruir de imediato, embora também clareiem.

Foi tão bom estar de volta entre as pessoas. Eu queria inalar seus odores, memorizar cada rosto e tocá-los de alguma forma, a fim de levar cada parte delas de volta comigo a meus confinantes aposentos. Mas eu estava em meu assento real ao lado de Xerxes, que, por sua vez, estava cercado dos oficiais da corte, tendo Hamã, o primeiro-ministro, à esquerda, e os nobres de cada província no corredor sob nossos pés. Hamã, em pé, saudava o povo e enfileirava os músicos para um cumprimento mais majestoso do rei.

Acrobatas chegavam pulando e dando cambalhotas para fora das portas da arena, seguidos por jovens que atiravam flores no chão, formando um tapete de pétalas para Xerxes pisar. Eu nem me atrevi a perguntar, mas imagino se essas meninas eram as recém-chegadas ao harém. No entanto, em seguida os Imortais passaram pelas portas, e eles são um espetáculo que pode provocar frio mesmo no sol do meio-dia. Os elmos de bronze lançam estranhas sombras em frente aos olhos deles; os imensos escudos são tão altos que lhes atingem os ombros, e as lanças são tão enfeitadas quanto as joias de qualquer mulher. A maioria apresenta o sinal do leão de duas cabeças, ou os chifres enroscados do dragão neles mesmos. Os Imortais também usam vestes ricamente ornamentadas. (Como deve ter sido fácil distinguir os guerreiros nas batalhas com a Grécia – Mardoqueu me contou uma vez que os homens gregos com frequência lutavam nus!) A multidão ficou em silêncio e, por um momento, ouviam-se apenas os passos pesados de um exército. O último homem então entrou, levando um camelo para o centro da arena. Eu não compreendi por que esse animal estava ali, pois de certo ninguém lutaria contra uma criatura tão lenta.

Um Imortal avançou e deu um comando, e o camelo ajoelhou-se. Os homens caminharam ao redor dele, até que lhe cortaram a garganta. Sangue vermelho jorrou no ar contra o céu azul persa. Cada Imortal deu um passo à frente e mergulhou a espada no sangue, erguendo-a acima da cabeça, antes de correr para um local junto à muralha da arena, enquanto arrastavam o pobre animal para longe. Os homens permaneceram próximos à muralha, cada um pronto para lutar, ou, se não fossem chamados, preparados para garantir aos outros guerreiros que lutassem até a morte.

Então, Xerxes entrou, puxado por uma carruagem de ouro, radiante em sua coroa e em suas vestes. O povo gritava, e ele jogou moedas de ouro formando altos arcos em todas as direções. Enquanto o rei circulava a arena, apreciando a multidão, percebi que as meninas riam e apontavam para Hamã, próximo a mim. Era verdade: Hamã era tão maravilhoso quanto os rumores no palácio nos levavam a acreditar. Tentei sorrir para as meninas, lembrando a idade da inocência delas. Hamã, por sua vez, parecia gostar da lisonja, embora aparentemente nem sequer conhecesse as garotas. Ele apenas se sentou um pouco mais alto quando elas lhe lançavam olhares.

Assim que Xerxes acabou de jogar as moedas para as pessoas mais próximas a nós, ele se sentou, um sinal de que os jogos poderiam começar. O lugar em que estava lhe oferecia uma visão melhor dos guerreiros, e oferecia ao povo a possibilidade de me ver melhor, embora eu ainda estivesse isolada deles. E me fez muito bem estar perto de Mardoqueu. Oh, eu sabia que ele estava lá, ainda que não conseguisse vê-lo. Sabia que os risos e os aplausos que transbordavam em meus ouvidos traziam o som de sua voz, e eu senti que o sol novamente brilhava em mim através do peso de minha coroa.

Eu usava o meu cabelo solto para exibi-lo, e poderia dizer que o rei Xerxes aprovou. Meu vestido era mais decotado do que eu gostaria, revelando mais dos seios do que seria adequado, e ainda durante o dia, mas eu sabia que a intenção era ofuscar Vasti. Como desgasta ser uma segunda rainha. Sei que o povo vê três pessoas quando olham a mim e ao rei, pois estão sempre me comparando a Vasti.

Cada guerreiro se apresentou a nós dois, fazendo uma profunda reverência e gritando lealdade ao rei. Um a um, eles foram conduzidos para fora e apresentados, fileiras de homens valentes. As aclamações intensificavam-se à medida que o exército se tornava maior. A multidão, apesar de sanguinária, amava seus homens. Os guerreiros vindos do Oriente eram tão misteriosos, e também controlados, como eu havia imaginado. Eles não usavam armaduras pesadas, e mesmo assim pareciam tão confiantes como os homens que brandiam espadas. Eu ansiava por vê-los lutar, levada pela multidão, e não consegui esconder um amplo sorriso quando Xerxes acariciou minha nuca. Talvez eu estivesse aprendendo a construir minha paz definitiva agora, com essa coroa na cabeça e com minha nova vida ao lado desse homem. Ou talvez apenas seja agradável sentir o vento soprando no meu rosto, livre dos muros do palácio, sendo tão somente um dos muitos sob o sol persa. O harém havia me transformado em uma criatura incomum.

No entanto, quem limitaria uma criança após o primeiro passo? Afinal, é isso o que aconteceu depois. Os guerreiros da região de inverno, Susã, foram levados para fora, e lá estava ele. O intervalo de dois anos lhe fizera bem; talvez seu próprio sofrimento houvesse causticado os músculos tão perfeitamente em seu peito. O cabelo estava mais escuro, e ele, mais alto e perigoso do que me lembrava, mas era ele. Tudo retornou até mim agora, de uma só vez, e fiquei sem fôlego, as batidas do coração interrompidas. A montanha, o toque, o beijo, o cheiro, a pele, o sorriso. De súbito, a mão de Xerxes em meu pescoço me deixou como um peixe flácido, e recuei de minhas próprias vestes, o traje ornamentado e a coroa, e daquele homem que havia roubado minha vida. Poderia eu agarrar a espada de Ciro e golpear Xerxes?

Ciro fez uma reverência, os olhos fixos em mim, mesmo enquanto gritava sua lealdade a Xerxes. Hegai sentava-se a meus pés, do lado esquerdo, e deve ter compreendido quem era aquele homem. Eu sentia os olhos dele em mim, desejando que eu me controlasse e não revelasse nada. As batalhas começaram, e, como se estivesse distante, eu ouvia o estrondo da multidão. Mesmo sabendo que as lutas mereciam a atenção de um reino, não conseguia me concentrar. Sentia-me enjoada enquanto fitava as costas do homem que eu amava, sentado na arquibancada abaixo de mim, à espera do momento de lutar. Então me inclinei para Xerxes, não em um gesto de afeto, mas por pura fraqueza, pois temia desmaiar a qualquer momento. O rei saboreou essa amostra de débil adoração, e acariciou meu cabelo. Ele estava tocando uma mulher morta. Quis me endireitar quando Ciro entrou para a luta.

– Qual é a sua vontade, meu rei? – gritei acima da multidão.

O rei escolhia o adversário visando ao entretenimento.

Xerxes virou-se para mim e perguntou:

– O que deverá acontecer, minha boa rainha? Você quer ver esse bom homem lutar contra quem ou contra o quê?

Todos os olhos se fixaram em mim e, desamparada, fitei Ciro, que olhou para trás e fez uma reverência solene. Era impossível saber em que ele estava pensando. Minha mente tentou trabalhar, mas era como se virasse rochas após uma tormenta. Eu não queria que Ciro lutasse com um homem, porque esse homem a meu lado já o havia derrotado. Então, escolheria um animal, e só podia me lembrar, em lampejos, daquela noite na montanha, quando lutamos juntos contra um grande monstro.

– Ele lutará contra um leão – foi minha ordem silenciosa, a qual Xerxes ecoou para os guardas da caça, que soltaram um grande animal no campo da arena. A multidão urrou de satisfação com minha escolha.

Ciro não perdeu tempo ponderando sobre a ironia. Logo tirou a espada da bainha, em um momento de cegueira, e esperou o leão a distância, conforme este, rosnando, o circulava. Eu não consegui assistir àquilo e enterrei meu rosto na veste de Xerxes. Foi horrível, por tudo que eu estava fazendo apenas para alimentar a percepção errada de Xerxes de que eu era dele, de corpo e alma.

Então, ele tentou reforçar minha coragem:

– Olhe para cima, minha querida! Você quer perder a luta?

Olhei, para o benefício de Xerxes, mas desviava o olhar quando o leão investia e balançava suas patas maciças. Ciro estava tranquilo e ponderado, e ficava longe do alcance do animal, às vezes usando o escudo para forçar um brilho nos olhos do leão enquanto ele atacava. O golpe duro das garras era recebido pelo escudo de Ciro, cujas tentativas de destruir a barriga do leão eram inúteis. Lembrei-me de como havíamos derrotado juntos o animal da montanha. Sem minha ajuda naquela noite, ele não escaparia, mas não havia jeito de salvá-lo agora, embora minha mente voasse em todas as direções para encontrar uma saída.

O leão parecia lento, e Ciro baixou o escudo para limpar o suor da testa, o qual escorria pelos olhos dele. O escudo parecia pesar tanto quanto eu, e perguntei-me se Ciro estava também mais lento sob o sol. Nesse instante o leão abriu a boca, ofegante, e uma sutil tensão de seus músculos me alarmou. Ele avançou, e avançou para baixo, rasgando a panturrilha de Ciro, que gritou e estendeu a mão para o ferimento sangrando, e o animal o atacou de novo. Porém, Ciro tornou-se ele mesmo um animal, e sacou uma faca de um cinturão em volta da outra perna. Abaixando a cabeça enquanto se inclinava para receber o golpe do leão, Ciro correu a lâmina para dentro do animal, que grunhiu de dor, o sangue derramando-se no chão misturado ao de Ciro. Ele o esfaqueou no coração, perfurando-o na diagonal do peito. O sangue jorrou em altos arcos acima da cabeça dos dois. A faca permaneceu no animal, e Ciro desembainhou a espada agora, deixando o escudo no chão. O leão cambaleou, e Ciro, com a espada imensa, cortou a espinha do animal, que tombou em um ângulo estranho, como uma boneca de criança. Ciro teve de apoiar um pé contra o monstro para livrar a espada, e o animal permaneceu imóvel.

A multidão silenciou por um momento, olhando o animal caído, e depois gritou o nome de Ciro em um canto feroz. Todos os outros guerreiros ergueram as armas, saudando o irmão, enquanto outros animais gritavam de suas jaulas, agitados pelo cheiro de sangue. Ciro havia nos garantido uma estreia maravilhosa, e vários guerreiros, encorajados pelo sucesso, agora morreriam para imitá-lo.

Xerxes virou-se para mim, vibrando pela excitação.

– Que apresentação, minha querida! Vamos recompensar esse guerreiro pelo excelente entretenimento? – Eu só conseguia balançar a cabeça, permanecendo silenciosa e muda. O rei, então, ficou imediatamente apreensivo em função de minha aparência doentia. – O que aconteceu, boa rainha? – ele sussurrou com urgência. – Você não parece bem.

Eu estava tão debilitada pelo choque, pelo fantasma de meu passado, que meu mais novo segredo seria espalhado com muita facilidade.

– Estou grávida, meu senhor – respondi em tom baixo, o suor espontaneamente irrompendo por minha testa e meus lábios.

Xerxes jogou a cabeça para trás e riu, puxando-me para mais perto dele. Então, ele ergueu-se e dirigiu-se ao reino:

– Este dia viverá no coração dos persas para sempre. Um novo campeão, e um novo herdeiro! – Ele levantou uma taça para fazer um brinde lá mesmo na arena, e o povo urrou. Então brindou de novo, dessa vez erguendo o copo em direção a

Ciro. – Excelente trabalho, poderoso Ciro. Venha em frente e cumprimente o seu rei!

Enquanto Ciro se aproximava de nós, um menino correu até ele para limpar a espada suja de sangue.

Ciro fez uma reverência, apresentou sua espada ao rei e, depois, à multidão, antes de embainhá-la. Xerxes apontou para mim, como se me apresentando a Ciro, que segurou minha mão na dele, beijando-a com ternura. Foi um beijo roubado, porque eu o queria aqui sozinho, sem a multidão e esse rei, e que ele me deixasse saborear esse sonho, mas não entrar nele. Então, Ciro se virou e olhou Xerxes, que estava vermelho de emoção e também de muito vinho.

– Por sua bravura aqui esta noite, Ciro, você será recompensado! – A multidão ovacionou. – Honorável Ciro, você assumirá o comando da guarda do palácio e protegerá a coroa de todas as ameaças! Será o guerreiro mais reverenciado no reino. Honra a Ciro!

– Honra a Ciro e vida longa a nosso rei! – a multidão gritou.

Com esse cântico em meus ouvidos, fui levada de volta aos aposentos do rei, onde o atendi com o coração opaco e dolorido.

36

Terceiro dia de Nisan
Nono ano do reinado de Xerxes
Ano 3400 após a Criação

É AGORA O TERCEIRO DIA DO NOVO ANO, e apenas alguns dias atrás vi Ciro. Sinto-me tão fraca agora, e meu estômago revira à vista de comida. Não sei se estou deprimida, ou se é a gravidez que me afeta tão fortemente. Minha cabeça flutua se eu penso muito tempo naquele dia. Tento ficar deitada e imaginar que estou em um campo de flores, suas suaves pétalas minhas cobertas. Não há nenhuma brisa para me irritar, apenas sol quente e o som de um rio. Eu me esforço tentando esquecer tudo.

Mas uma batida em minha porta esta manhã me acordou.

– Entre – ordenei, e tive a visão de muitos homens.

Após o ano de harém, eu deveria ficar confortável com homens vendo-me não devidamente vestida, mas com rapidez joguei um manto sobre meus ombros enquanto me sentava na cama. Meu café da manhã, intocado, estava em uma mesa baixa perto de mim. Eu não tinha ouvido a serva trazê-lo.

O menor, um homem com um rosto parecendo uma noz, queimado do sol e enrugado, curvou-se de uma forma rebuscada.

– Saudações à rainha em nome dos deuses – disse ele, com a voz muito aguda e nítida, que não caiu bem no meu estômago.

Ele então bateu palmas e os homens vieram para a frente saindo de trás dele, espalhando-se até que vi todas as suas categorias. Parecia que Xerxes havia juntado um homem de cada região, cada qual vestido de forma diferente, cada qual com o cabelo de forma diferente, ou carregando algo diferente. Um deles trazia, pelas patas traseiras, um coelho morto. Outro segurava um enorme buquê de flores de lavanda. (Adoráveis como eram, seu cheiro misturado com o suor dos homens fez minha cabeça girar.) Vários seguravam sacos de pele, onde havia incontáveis horrores.

– Fomos enviados pela boa vontade de Xerxes para ver como a rainha está sendo tratada em sua gravidez – disse o homenzinho. – Seja qual for o seu deus, estamos prontos para uma bênção.

Olhei-o, incapaz de absorver a cena e pensar rapidamente em uma mentira.

O velho viu minha hesitação e ergueu as mãos na frente do rosto ansiosamente, como se estivesse batendo no ar.

– Claro, claro – disse ele. – Como a senhora é sábia, como é sábia e como é bonita! – acrescentou, curvando-se de novo.

Eu estava com receio de vomitar, pois não havia bacia perto de mim. Respirei fundo, e segurei o ar.

– A senhora não deseja reivindicar fidelidade a um só deus em uma terra com tantos – disse ele. – Ahura Mazda seja louvado! O Grande Senhor do submundo vê a sua bondade para com todos aqueles que verdadeiramente o adoram em todas as suas formas. Graça a ti, Majestade!

Mais uma vez, meu estômago embrulhou e acenei desesperada em direção à porta, com a outra mão sobre a boca.

– Muito bem! Vamos sair, meus amigos! – ele exclamou, encaminhando todos imediatamente para a porta.

Pergunto-me: vou conduzir todos os assuntos de Estado com tanta elegância?

37

Vigésimo quarto dia do mês de Sivan
Nono ano do reinado de Xerxes
Ano 3400 após a Criação

Muito tem sido escrito nestas páginas; suponho que a minha desgraça será certa se forem descobertas. Assim, não pode haver mais danos em revelar mais. O que realmente me assusta mais é o lado sombrio do presente em meu ventre, o qual D'us concedeu a Xerxes, pois agora há mais pessoas que podem querer me matar, e mais uma razão para fazê-lo. Ao me aproximar de Xerxes, também posso me aproximar de lâminas atraídas e à espera do gosto do meu pescoço. Mas deixe-me dizer-lhe agora por que meu medo floresce.

Esta manhã, quando me levantei da minha cama e fui assistida no meu banho, tive a estranha sensação de que era observada. Eu estava tão habituada a tomar banho no terraço no harém, que tinha pedido a Xerxes que construísse uma banheira semelhante no terraço do palácio da rainha também. Levou quase ano para os trabalhadores escavarem os canais e criar um jardim ao redor para mim, mas realmente adoro isso. É quase que verdadeiramente um oásis de escape para mim. Adotei ainda o hábito de tomar banho pela manhã, quando o sol é menos quente, e a água mais refrescante, ao contrário das outras mulheres que ainda conservam o costume local de banhos à noite. Talvez seja por isso que tive uma sensação tão estranha hoje, com esse sentimento de ser exposta. Mas, então, se esta tem sido minha prática já há muito tempo, por que pareceu haver algo errado hoje? Não, tenho certeza de que estava sendo observada, embora não saiba por quem, nem por quê.

Agora, ainda mais do que antes, tomo cuidado quando fico isolada, apenas com meus conselheiros de confiança do harém perto de mim. A minha comida é provada duas vezes, o meu vinho é de uma reserva particular da qual Hegai e outro eunuco da corte tomam conta. Quando durmo, há sempre dois ou mais acordados ao meu lado.

Pedi a D'us que esta criança alivie meu coração dolorido; no entanto, como agora meu coração está tão sobrecarregado? Que justiça cruel é essa? Sei que não posso me manter segura, nem a essa criança dentro de mim. Eu não tive nenhum cuidado comigo no passado. Mas minha vida é tudo o que irá proteger a criança, mesmo que ela coloque minha vida em risco.

E ainda assim eu já a amo como jamais amei. Suspeito que isso exporá o meu segredo, mas, de alguma forma, não tenho medo. Vou contar a esta criança sobre nosso D'us; vou levar o meu pequeno ao rabino para uma bênção. Finalmente, em breve, serei capaz de trazer Mardoqueu para mim, e que reunião feliz teremos! Em todo o meu devaneio, encontro-me sempre com uma mão acariciando minha barriga. Ela começou a inchar, e eu estou no meu quarto mês, de acordo com o médico. (Eu pedi que seja cuidada pelo médico do palácio. Ele é um homem sem qualquer crença particular de adoração; aspira apenas cultuar a ciência. Tendo assistido à realeza, ele tem visto muito e vai me manter em boa saúde. Não tenho esperanças de ser cuidada por uma irmã judaica, pois pedir uma das parteiras da aldeia é arriscar me revelar.)

Eu pedi a Hegai que mantenha cuidadosa vigilância sob a janela de meus aposentos, e a Ashtari que cubra meu corpo de forma mais completa com tecidos de linho quando saio da água.*

---

* Ver comentário correspondente na p. 318 do anexo.

38

Sétimo dia do mês de Tamuz
Nono ano do reinado de Xerxes
Ano 3400 após a Criação

SANGUE FOI DERRAMADO HOJE, mas não o meu, embora fosse do meu corpo, pois o herdeiro de Xerxes morreu em meu ventre. Eu estava jantando, a náusea finalmente me deixara esta semana, quando o cabelo na parte de trás do meu pescoço se arrepiou. Era como se eu sentisse uma grande tempestade aproximando-se. Empurrei meu prato e caminhei até meus aposentos. No início, quando vi o sangue, não compreendi, mas a sabedoria materna do meu espírito, assim como meus ossos, soube antes que o cérebro e talvez até mesmo que o coração, tudo estava perdido.

A dor era insuportável, e apertei uma tira de pano entre meus dentes enquanto ondas de dor me invadiam, arrancando essa vida pouco a pouco. Eu chorava tão amargamente, minha respiração ofegante entre cada onda de agonia. Não consegui dizer adeus. Sinto que perdi o melhor amigo, o amor mais profundo jamais concedido a mim, antes mesmo de chegar a conhecer seu rosto, ou ouvir sua amada voz. É uma dor que não consigo explicar.

Há uma tristeza mais definitiva do que jamais conheci; o mundo parece entorpecido como uma pintura cinza. Eu, que temia o inimigo por trás do meu cômodo, não sabia que meu próprio ventre poderia me trair. Ele é um irmão maléfico e sem sinceridade. Meu coração está tão machucado que não posso suportar nem mesmo que os músicos cheguem perto da minha janela. Tudo o que quero é deitar-me em silêncio, enquanto a vida se esvai de dentro de mim e sou deixada sozinha.

Eu fui uma tola sentindo-me tão feliz com esta vida interior. Eu fui uma tola em acreditar que D'us iria me conceder consolo neste palácio que voltou o rosto contra Ele com uma adoração pagã e uma cobiça sem limites. Se não trouxe isso para mim mesma, então eles trouxeram para todos nós.

Apenas Ashtari pode me acalmar, e ela se lembra das palavras do pastor rei David que eu havia citado: "Não fique triste, minha alma, porque você vai voltar a ter motivos para louvar o seu D'us". Ela me trouxe panos umedecidos para estancar o fluxo de sangue e esmagou ervas em óleo para eu comer com pão.

Xerxes recebeu a notícia com apenas uma tristeza fugaz; ele está ocupado com um reino e tem muitos herdeiros de outras mulheres. Talvez esteja feliz por ter meu corpo de volta só para si. Afinal, teve muitas mulheres e tomou o que quis delas. Portanto, não lhe parece estranho que a natureza deva tomar o que queria também.

Como anseio agora por uma palavra de Mardoqueu. Vou enviar-lhe uma mensagem esta noite e esperar uma resposta. Uma palavra de conforto, lá de casa, me faria muito bem.

39

Segundo dia, mês de Shevat
Nono ano do reinado de Xerxes
Ano 3400 após a Criação

Os dias que passaram têm aliviado minha dor, e sou capaz de obter forças em muitos que me amam aqui. E desvio meus olhos, e também meu coração, quando passo por aqueles que comemoraram uma coisa tão miserável. As outras esposas devem sentir pena de mim, e talvez me invejem, mas não mais me temerão de novo. Uma rainha sem filhos é apenas uma mulher que usa uma coroa; o verdadeiro poder está em quem gera o herdeiro do rei.

As meninas do harém cobiçavam a coroa em função da riqueza do rei; as esposas sábias sempre souberam que a riqueza, ao longo da vida, é menos prazerosa que o poder. Este é, portanto, meu pequeno consolo, a ironia que vejo: se intrigas palacianas clamam por minha vida, isso não virá pelas mãos de uma mãe posicionando seu filho à frente do meu. Essa pequena morte talvez tivesse me salvado da minha própria morte.

Outra coisa estranha: não havia uma única rosa vermelha em minha cama esta noite, quando me recolhi aos meus aposentos. Não acho que é coisa de Xerxes. O rei permanece afastado de mim muitas noites agora. Ele ainda celebra nosso casamento com uma festa, a Festa de Ester, como ele diz. E tem distribuído presentes a todos no reino. (Eu me pergunto: o que Mardoqueu recebeu?! E pensar que eles não fazem ideia de que ele é meu pai adotivo! Suponho que tenha recebido uma quinquilharia como todo mundo.) Aqui me sento, em meu palácio real, incapaz de participar das festividades. Não é bom para mim ter muito tempo para pensar. A cada hora, meu aposento real mais parece uma cela de prisão. Minha mente escapa para a quimera mais e mais, e reluta em voltar. A ironia de Ciro me vigiando neste palácio! Eu não o vejo, mas sei que ele está por perto, mantendo-me a salvo para o rei, ciente o tempo todo de que sou uma propriedade roubada, pois pertencia e ele.

Não consegui decifrar nada em seu rosto no combate na arena. Não sei mais dele, e esta é uma realidade que preciso encarar. Será que Ciro saboreia estar perto, sabendo que nunca mais poderá me tocar? Ou talvez ele já tenha me esquecido completamente e se casado com uma das garotas que seu pai escolheu. Existe outra possibilidade repugnante, mas não posso acreditar nisto vindo de Ciro: há aqueles que adoram a coroa mais do que a cabeça que a usa. Talvez Ciro tenha seguido os passos do pai, e deseje estar próximo a mim apenas para me usar em benefício próprio. Estive distante dele, e de casa, por quase três anos, e, assim, não posso estar certa de que ele não tenha mudado. Minhas emoções balançam selvagemente por querer vê-lo, temendo o que vou encontrar. Será que ele me odeia? Será que sabe que seu pai me enviou para cá contra minha vontade? Sou uma prisioneira; com certeza ele sabe isso, pois agora é o carcereiro. Que garota escolheria viver esta vida, um pequeno animal de estimação delicadamente preparado, autorizado a deixar a gaiola apenas pela vontade do mestre?

Espero que Xerxes me chame até seus aposentos quando ele está alterado pelo vinho, ou cansado das garotas do harém. Mas é impensável que eu participe da festa na presença de homens do povo. Sei que Xerxes não repetirá sua humilhação com Vasti. Só posso imaginar o quanto as garotas do harém estão desfrutando-o na minha ausência. Não estou sozinha, entretanto, em minha situação; todas as mulheres do reino entendem como me sinto, pois, quando uma mulher recebe uma festa do marido, cabe a ela que prepare a comida e, em seguida, retire-se para um cômodo no andar de cima, para não ser mais vista durante a festa. Será que uma joia se torna mais rara se nunca vê a luz do dia? Suponho que sim aos olhos dos homens. Só me resta andar inquieta pelo meu palácio, e orar, e suplicar a D'us que tenha misericórdia das mulheres de Atenas. Chegaram até mim as notícias de que agora elas pedem democracia para si mesmas. As pessoas aqui observam a Grécia de perto.

As prostitutas de Atenas são mulheres estrangeiras a quem não recomendam um tratamento como a nossa clausura e exclusão; elas não temem desnudar o rosto para o sol e cumprimentar abertamente um homem. E assim os homens, que compram essas mulheres para esquecer seus problemas, estão acumulando cada vez mais problemas do que poderiam ter desejado. Como é irônico que as prostitutas tenham provocado a chance de liberdade para as mulheres! Nunca deixarei de surpreender-me com a forma como D'us usará tudo, até mesmo o mal, para trabalhar pelo bem. As mulheres atenienses não tinham escolha a não ser deixar os maridos desfrutar uma vida imunda; agora, a liberdade delas está sendo lentamente comprada com o dinheiro destinado às prostitutas.

Entretanto, é claro que não verei tal liberdade nestas terras enquanto viver. Sei disso. Acredito, portanto, bastar saber que uma vela foi acesa nas sombras. Confiarei que D'us ainda estará no comando por muito tempo depois que eu me for, e que as mulheres que vierem saberão a melhor forma de usar sua liberdade.

40

Quarto dia do mês de Adar
Décimo primeiro ano do reinado de Xerxes
*Ano 3403 após a Criação**

Este é o mês da boa sorte, e que sorte tivemos! É difícil para minhas mãos escreverem com firmeza quando revejo os acontecimentos de hoje, embora o rei as tenha beijado várias vezes e me dito para não temer. Acabo de entregar uma mensagem ao rei, vinda de Mardoqueu, dizendo que dois dos eunucos do palácio, Bigthana e Teresh, responsáveis pela guarda do Portão do Rei, tramavam matá-lo. Mardoqueu entregou-me a mensagem por meio de minha serva Stateira, que a recebeu do eunuco enviado por ela para comprar as rosas vermelhas que pedi.

Eu me senti mal quando li o bilhete de Mardoqueu. Bigthana e Teresh são altamente confiáveis e destacados em seus cargos. Se eles planejavam esse mal, o que mais poderia espreitar o palácio? Estou aqui já há quatro anos agora, e tenho visto muitas disputas

* Existem lacunas nos registros do diário que parecem ter desaparecido. Especialistas especulam que há duas razões plausíveis para as datas que faltam: roubo (por ação de assaltantes de túmulos antigos ou modernos), ou desatenção de Ester, às vezes, a seus diários. Em função de os diários da rainha Ester terem sido colocados à venda por uma entidade privada, que não revelou as circunstâncias em que foram adquiridos, os cientistas forenses têm tido dificuldades em explorar essas teorias. Mais para a frente nos diários, onde as lacunas mais evidentes aparecem, vamos revisitar essas explicações.

mesquinhas, especialmente entre os consultores do rei, mas isso me chocou profundamente. Minha mente correu para o futuro e imaginei-me ensanguentada e morrendo pela espada se um inimigo depusesse Xerxes. O rei foi meu captor, mas agora ele é também o meu escudo. Eu me perguntei por que Mardoqueu não tinha simplesmente alertado Hamã, servo de maior confiança do rei, que muitas vezes cuidava dos assuntos no Portão do Rei. Mardoqueu escrevera que todo mundo se curva a esse homem e presta a mais profunda homenagem e respeito a ele. Hamã encontra continuamente benevolências com seus conselhos ao rei. Por que ele, então, não sabia dessa trama? Hamã sabe de tudo o que ocorre no interior dos portões do palácio. Ou ele julgou mal a lealdade desses dois homens, ou é ele próprio mal interpretado como um conselheiro digno. Fico assustada quando penso em quão perto do rei o mal dorme, e também de mim. Quantos outros iriam matá-lo, matar-nos, e seriam desmascarados a tempo? Como é estranho ver o meu vigésimo aniversário e me considerar afortunada por isso!

Mas volto ao horror mais urgente sobre o qual Mardoqueu tinha escrito. Como D'us faria, depois de ter recebido a mensagem, Xerxes me chamou imediatamente a seus aposentos. As palavras de Mardoqueu queimavam em minha mão. Como eu poderia lhe explicar isso? Como uma rainha entraria na posse de um bilhete de um plebeu? Todos sabiam por que eu estava sendo chamada, mas ninguém sabia por que meus pés voaram tão rapidamente pelo corredor até os aposentos. Puxei o ar profundamente enquanto as portas eram abertas para mim. Xerxes percebeu de imediato que eu não estava bem. Tirou meu véu**

** Nessa época na história do Irã, antes do nascimento da fé islâmica no Oriente Médio, somente mulheres casadas usavam véus, como um sinal da mais elevada honra. Qualquer outra pessoa pega usando um véu seria espancada.

suavemente e me conduziu até uma cadeira. Achei que eu não conseguiria falar, e então lhe entreguei o bilhete.

Seu rosto ficou rígido enquanto o lia, e ele se virou e chamou seus guardas, sussurrando-lhes uma ordem. Os guardas apertaram as mãos em torno das espadas e saíram para atender aos desejos do rei.

Xerxes se virou para mim e sorriu. Como eu já disse muitas vezes a você, ele não é um homem de detalhes. Assim, não fez perguntas sobre Mardoqueu ou sobre a mensagem. Em vez disso, puxou-me para seus braços e começou a afastar minha angústia com beijos. Xerxes não havia me chamado a seus aposentos para ser distraído com uma trama de infelizes guardas do palácio; meu leão só estava faminto por mim. Suspirei e acomodei-me em seu abraço. Talvez ele me desse a chance de ter um filho. Há momentos, confesso, que acolho seu toque apenas pelo sonho de ter um filho.

Sim, enquanto escrevo isto, esta história de minha vida, como todos os dias após minha coroação, parece-me agora ser uma decepção. Afinal, apesar de toda minha emoção e minhas aventuras, ainda sou uma prisioneira real. Sei que nunca voltarei para o meu povo, ou para Mardoqueu, ou para os meus sonhos com Ciro, e ainda não posso revelar o meu segredo. Meu papel como rainha de Xerxes significa que sou um pouco mais de plumagem para o reino, e pergunto-me se é assim que ocuparei todos os meus anos. Se não serei mãe, o que vai me sustentar? Como gastarei o meu tempo neste palácio? D'us me chamou apenas para isso? Por que, oh Senhor, me dotou de qualidades que nunca serão usadas na minha situação? Por que despertou em mim o desejo por mais, quando sei que nunca poderá ser assim? Houve um tempo em que eu queria ser rainha, pois parecia uma porta de saída. Mas agora quero mais. Amaldiçoo este coração que permanece acordado quando toda a vida ao redor adormeceu.

Para ver os cordeiros da primavera e cuidar das minhas rosas, para sentir a areia quente sob meus dedos dos pés e em meu rosto, para ficar sonolenta no calor do meio-dia. Essas pequenas liberdades do povo, eu as perdi e imaginei que elas pudessem me consolar de uma forma que o ouro e as joias não podiam. Mas devo ser grata. Ashtari diz que o descontentamento mostra uma das características da mulher que a tornam indesejável para um homem. Então serei grata porque ainda tenho o coração do rei – embora deva compartilhar seu corpo – e também por minha coroa. Eu até posso desejar pôr os olhos no querido Mardoqueu, mas serei grata pelos conselhos contínuos que recebo por meio das mensagens enviadas em segredo, por meio de seus amigos nos portões do palácio. Anseio, também, por caminhar livremente pelas ruas de Susã, embora dentro do palácio me seja dado à vontade tudo o que peço. Este não é um final tão desagradável para uma órfã, e eu vou decidir por honrar a D'us com o que tenho. Sim, isto é um banquete que me foi concedido, e é errado que eu sonhe com as migalhas de liberdade que uma vez tive. Não me deixe trair o meu rei, ou mesmo o meu D'us, com pensamentos de um passado feliz. Que ele fique para sempre selado e perdido, pois pertencia a uma filha chamada Hadassa, que andou entre os judeus de Susã. Ela não anda mais.

No entanto, uma pequena brasa permanece, e gostaria de poder apagá-la! E, enquanto eu souber que Ciro está fora de meus portões, não conseguirei me dar por inteiro ao rei. Meu coração me trai em meus momentos de fraqueza, e vejo-me nos braços de Ciro. Eu o odeio por isso às vezes. Devo ser livre para amar meu rei. (Pergunto-me com muita frequência qual a natureza do amor – é uma decisão tomada no mundo da lógica e da razão, uma escolha feita no tempo aqui entre o pó e o pó? É tomada no céu, uma força sobrenatural que nos une neste mundo e no próximo? É o amor concebido pela vontade do homem, ou no coração de D'us?)

Uma de minhas servas me disse isso enquanto escovava meus cabelos: "Cada um de nós tem muitas vidas, vividas em sucessão. Nós amamos em outra vida aquele que nos foi negado nesta". Ela parecia tão certa, embora ninguém que ela conhecesse já tivesse retornado dos mortos para confirmar sua teoria, e para mim parecia somente uma desculpa. Sei que ela está apaixonada por um servo da cozinha o qual não pode ter (a esposa e três filhos dele são obstáculos vivos) e o guarda da entrada a teria para si mesmo. Suspeito que ele a tenha dobrado com a promessa de ela poder amar a outro depois.

D'us me ajude, eu nem sempre quero afastar meus pensamentos de Ciro, mas sei que não posso ter o que quero. Por que eu deveria viver uma meia-vida, dividida pela lembrança de um rapaz que se tornou um homem, ou seja, a quem eu jamais poderia amar como homem? Eu pertenço ao rei, o homem que me fez o que sou.

É por isso que eles nunca falavam de amor no harém. Afinal, quem pode ensinar o coração? Posso movimentar meus braços; posso abaixar meu olhar, e mexer meus quadris; posso seduzir, mas não posso regular a quem amo. A expressão corporal é apenas um disfarce, e esses bobos rezam para que ninguém descubra seus segredos, retire seus véus mais íntimos, ou, se assim ocorrer, a fraude desaparecerá. Sim, cada garota que vai para o rei é uma diversão, e nada mais do que isso, representando para ele a mesma coisa que você divertir um bebê com alguma quinquilharia brilhante.

No entanto, o rei deu seu coração a mim, e que destinatária miserável sou, se não devolvê-lo por inteiro. Deito-me e permaneço acordada noite após noite, discutindo com o meu coração como um fazendeiro implora por chuva. Como as mulheres podem aprender a dominar o coração? É fácil para algumas, e lhes é permitido casar e ser felizes? Existirão outras, como eu, que vão ao altar com um coração dividido? Como elas aprenderam a amar – ou a esquecer – completamente? Para convencer o meu coração, não basta que eu tenha de continuar oferecendo meu corpo, noite após noite, não importa a quem ele ame. Eu me entrego de bom grado, mas, em seguida, fecho os olhos para dormir, e em meus sonhos tudo se desfaz: estou novamente com Ciro.

41

Oitavo dia do mês de Nisan
Décimo primeiro ano do reinado de Xerxes
Ano 3403 após a Criação

Ashtari estava com raiva de mim quando acordei esta manhã. Ela não havia dormido em meus aposentos, mas em sua própria cama, a alguma distância pelo corredor do palácio. Então, enquanto lutava para ajustar os olhos à claridade da manhã, ela empurrou algo para meu colo.

– Sei da rosa que foi deixada para você. Eu não teria pensado em nada disso, exceto que estava ao lado de sua cama quando entrei aqui pela manhã. É uma lembrança de um pretendente – seu tom era de acusação.

Olhei de perto o que Ashtari havia empurrado para mim. Era uma bolsa, feita da pele de um animal, talvez um dos visons que os homens na parte oriental do império criavam. Estava pesada e, quando abri o cordão, um colar de joias deslizou pela minha mão. Tinha um agrupamento de safiras no centro, e safiras penduradas em muitas voltas nos dois lados desse agrupamento, por todo o caminho em torno do colar. Emudeci e, para Ashtari, isso foi muito contundente. Ela continuou olhando-me até que eu encontrasse minha língua.

– Ashtari, por que me acusa de traição? Nada fiz de errado, e você sabe disso.

– Quem está deixando esses presentes? – ela perguntou.

– Não sei e, mesmo que soubesse, o que poderia fazer? Você e as servas me acompanham fielmente. Você nunca me perde de vista, exceto nas noites na cama do rei. Sim, só nessas ocasiões estou longe daqui, e você ainda me acusa de trapacear?

O rosto de Ashtari suavizou-se porque ela sabia que eu estava certa. Eu nada de errado fizera que ela visse, e mesmo assim ela estava inquieta?

– É muito fácil para uma rainha morrer, Ester. Talvez você não tenha feito nada; talvez tenha dirigido um olhar a alguém que confundiu seu significado. Não sei, mas outras foram mortas por menos que isso. Quero lembrá-la de que, se você morrer, eu morro também. Você foi trazida como prisioneira há cinco anos, mas esquece que estou aqui há muito mais tempo? Mesmo assim, você não me vê com um comportamento imprudente. Eu me contento vivendo à sua sombra, assim como você vive na do rei. Mas esse adorável colar pode muito bem custar nosso pescoço.

Eu estava perdida, porque não havia solicitado esse presente, nem sabia de quem ele vinha. Não tinha certeza de que não eram de Xerxes, mas tampouco poderia perguntar-lhe.

– Não faça nada, Ashtari. Temos de esperar; esperar por alguém que revele suas intenções. – Olhei-a friamente por um momento, para que ela não desfocasse da próxima questão. – Nunca questione minha lealdade novamente, Ashtari. Sou fiel à coroa, ao rei e a um D'us que você desconhece. Eu preferiria morrer a trair esse D'us, ou meu rei. – Em seguida, suavizei minhas palavras com um sorriso e, segurando na mão dela, completei: – Ou minha melhor amiga.

42

Quarto dia do mês de Iyyar
Décimo primeiro ano do reinado de Xerxes
Ano 3403 após a Criação

Os últimos dias foram tranquilos. Ashtari e Hegai permaneceram em alerta, mas meu pretendente não se revelou, se ele não for Xerxes, e nem sequer me enviou mais presentes na calada da noite. Talvez tenha sido mesmo Xerxes, que anda propenso a enviar presentes de modo inesperado, sem motivo algum. Veremos.

Enquanto espero que a verdade apareça, Xerxes ordenou a todos nos Portões do Rei que se curvem quando Hamã passar, e Mardoqueu se recusa a fazê-lo. Hamã continuou a subir na hierarquia de consultores confiáveis de Xerxes, e hoje é o mais importante de todos; somente eu me sobreponho a ele. Nunca o encontrei, embora ele estivesse presente em minha coroação, tenho certeza, e claro, na grande festa que se seguiu. No entanto, gostaria de encontrá-lo, se fosse alguma vez possível, à medida que Hegai me diz que ninguém é mais inteligente, e mais protetor do rei e de seus interesses, do que Hamã. O rei o honra. Os guardas externos imploram a Mardoqueu, a quem se habituaram a ver todos os dias nos portões do palácio, que se curve como eles fazem quando Hamã chega e é anunciado. Mardoqueu, entretanto, se recusa a fazer a reverência porque Hamã é um agagita, e seu orgulho está ferido.

Pensar em Mardoqueu me faz sorrir enquanto escrevo isto. Sei que não é o orgulho que o mantém em pé, mas seu amor ao nosso Senhor. Quando víamos alguns praticando esse costume estranho de se curvar, ele me perguntava com frequência:

– Como você pode curvar-se a um homem, quando seu povo vê a glória do Senhor? D'us não tem deixado espaço algum para o temor do homem.

O que eu mais apreciava em Mardoqueu era o fato de ele amar muito os outros. Em algumas pessoas, o amor a D'us limita o mesmo sentimento às demais pessoas, sobretudo àquelas que tropeçam e pecam com frequência. Mas Mardoqueu amava tanto a D'us que seu amor se multiplicou, e todos se sentiam bem na presença dele. Envergonho-me de dizer que eu sentia pena de mim mesma quando era ainda jovem. Agora imagino se os outros me invejavam, pois fui criada em um lar amoroso.

Eu nunca disse isto a meu bondoso primo, mas, durante os dias de festa de nosso povo, quando fazíamos longas caminhadas para ouvir instruções e louvores de nossos santos homens, aqueles eram os dias que eu considerava os mais valiosos. Sim, eu me queixava das bolhas em meus pés e do sol, e do fato de que nosso almoço fedia no saco de pele de cabra. Mas, ao lado de Mardoqueu, sua mão na minha, recebi ensinamentos sobre a vida e sobre D'us, e sobre todas as coisas pelas quais vale a pena viver. Meu primo gostava de citar Salomão: "Mesmo no riso, o coração pode doer". Ele queria que eu visse muito além do que meus olhos encontravam. Mardoqueu ensinou-me a olhar para a tristeza das viúvas no mercado, para a exaustão atrás do sorriso de uma mulher quando está para dar à luz. Portanto, não é de se admirar que ele era o mais amado da aldeia.

Hamã não conhece Mardoqueu. Bom seria que ele pudesse aproximar-se e ver quem é Mardoqueu! Porque sei que meu primo não se opõe a Hamã, mas apenas defende o que ele sabe ser verdade. Oro para que tudo isso seja resolvido no momento oportuno.

43

Décimo dia do mês de Elul
Décimo primeiro ano do reinado de Xerxes
Ano 3403 após a Criação

A CORTE ESTÁ TRANQUILA ESTA NOITE, e provavelmente ficará assim por mais alguns dias. O Mago chegou para dar bênçãos e fazer profecias de Ahura Mazda. Xerxes e eu conversamos muito tempo sobre religião e deuses; eu não podia lhe revelar meu segredo, que sou judia, mas expressava meu desprezo e aborrecimento por tantos ídolos secretos na terra e na corte. Os falsos mestres criavam discórdia entre irmãs e amigas, e lançaram tantas garotas no ópio e na desonra. Mardoqueu me conta que, em alguns dos templos de ídolos, uma noiva deve entregar-se a um completo estranho antes de voltar para o noivo na noite do casamento. Isso me enoja. Por que as pessoas são desencaminhadas com tanta facilidade? Não é bom para elas, e não é bom para o reino.

O pai de Xerxes, Dario, permitiu a todos que vivessem como bem entendessem. Dario, inclusive, honrou nosso D'us como o único e verdadeiro D'us. Mas Xerxes, talvez vendo meu ponto de vista com clareza, enquanto erradicava a insurreição das seitas mais instáveis, emitiu uma ordem de que deus algum poderia ser publicamente adorado, com exceção de Ahura Mazda. Esse não é exatamente o resultado que eu teria desejado, e agora até mesmo eu vivo em rebelião à coroa. Continuo orando diariamente, de frente para Jerusalém, recitando as Escrituras de que me lembro. Enviei ouro a Mardoqueu para que compre sacrifícios por mim na hora certa, e interceda por mim aqui, e para nosso povo que vive subjugado a Xerxes.

Sou reconfortada pela história de outro judeu que andou pelos corredores do palácio, também chegando aqui como escravo. Ele chamava-se Daniel, e vivia preocupado por muitos sonhos que o atormentavam. Sinto que ele é meu irmão agora, observando do céu. Daniel adormecia, mas perturbado pela mão de D'us. Eu não consigo dormir, como medo de ser perturbada pela mão de um mortal.

Em seus sonhos, Daniel viu o futuro, o futuro da coroa e do império, e pergunto-me se ele também me viu. Ele orou em sigilo, assim como faço, mesmo quando sabia que seus inimigos o perseguiam, querendo descobrir o segredo dele e, assim, acabar com sua vida.

Estou farta de tanta decepção. As profecias de Daniel foram muitas e excelentes, mas, quanto a mim, minha mente ainda se esforça para entender por que D'us me manteria aqui.

44

Vigésimo primeiro dia do mês de Elul
Décimo primeiro ano do reinado de Xerxes
Ano 3403 após a Criação

A CORTE ESTÁ CALMA HÁ DIAS AGORA, e eu me habituei a caminhar pelos jardins, sem escolta. Os Jardins da Rainha são magníficos; cada mulher que me antecedeu deixou alguma coisa de si mesma. Flores e frutos de todas as regiões estão aqui, algumas frutas trazidas como as preferidas de uma mulher, ou uma flor perfumada muitas vezes aninhada atrás da orelha de outra. É encantador caminhar pelas fileiras do jardim, e escolhi um local para meu próprio nome, onde, é claro, plantarei uma roseira vermelha. Os jardineiros organizam todas as árvores e plantas em um estilo agradável; algumas delas, sem fruta ou flor, seriam cortadas em outro jardim, mas, em vez disso, são estimuladas a crescer bem alto, e depois aparadas em formas que se assemelham a animais. (Nunca foi tão confortável sentar-se sob um camelo!) Embora o jardim seja cercado de muralhas por todos os quatro lados, o céu aberto acima traz ar fresco e chuva, e as estrelas parecem flores inseridas lá no alto das árvores.

É um abençoado alívio estar distante de olhos curiosos, olhos que admiravam minhas vestes, ou imaginavam usá-las se a maré da fortuna virasse no palácio por obra de algum traidor invisível. Nos jardins, à noite, estou de novo de volta a mim mesma, e cheiro as flores, acariciando as frescas pétalas macias, sussurrando meus segredos para elas e ouvindo os delas. Algumas das flores importadas não florescem aqui, e esforço-me para compreender por quê. Entrego anotações ao jardineiro todas as manhãs, e todos os dias espero ansiosa o momento de retornar a meus amiguinhos para ver como se saíram. As romãs brotaram muito bem este ano, e uma nova variedade de madressilva tornou o jardim irresistível. Aves de muitas cores e canções fizeram seu lar aqui conosco também. Meu jardim é de fato outro país. Aqui sou verdadeiramente rainha, e governo com mão suave. É um lugar de beleza e de prazeres simples, onde posso extirpar o desagradável, o que não lhe pertence.

Em algumas raras noites, conforme me contaram, uma misteriosa flor desabrocha ao longo da muralha leste. Os eunucos dizem que se chama Perfume do Amado, e, quando floresce, os sonhos de todos que aspiram sua fragrância são abençoados. Dizem que meninas veem os rostos dos futuros maridos em seus sonhos. E dizem que mulheres mais velhas veem os rostos dos netos que ainda não nasceram. Não sei o que verei em meus sonhos.

Também amo o jardim porque é mais fácil pensar no palácio e em seus acontecimentos quando estou fora dele, e não no seu ventre. O jardim operou sua mágica sobre meu tempo aqui; o choque que senti ao ver Ciro de novo, e tê-lo perto (ainda que invisível), e o mistério dos presentes deixados para mim desaparecem agora em minha mente, e isso é uma bênção. Sou grata pela paz em meu coração, mas também me sinto pesarosa pelas intrigas que, mais uma vez, perturbam meu coração.

Novamente me sinto viva, do estranho modo que só o perigo e o amor podem dar. Até então, eu quase havia me esquecido do fascínio das descobertas sombrias e dos sonhos proibidos.

Então me lembrei de que agora preciso forçar-me de volta à minha vida tranquila, às minhas orações e ao meu jardim, e ser grata pela breve distração que acelerou meu pulso enquanto meus dias se arrastam lentamente.

45

Décimo nono dia do mês de Tishrei
Décimo primeiro ano do reinado de Xerxes
Ano 3403 após a Criação

Não tenho certeza se vou escrever muito mais nestas páginas, nem estou certa do que será destes pergaminhos quando eu me for. Assim como o céu é minha testemunha, nada disso foi por minha culpa, ainda que tema morrer por causa da transgressão do mesmo jeito de ser.

Esta noite, ao dar o meu passeio habitual nos tranquilos jardins do palácio, senti novamente os olhos de alguém sobre mim. Eu estava sozinha, é claro, e meus serviçais estavam no pórtico, apreciando o vinho e a música noturna que fluía do palácio do rei enquanto os Magos continuavam a dominar a corte. No entanto, eu tinha certeza de que alguém estava lá comigo. Deveria ter saído. Sou amaldiçoada por não ouvir meus instintos e fugir!

Quando ia pelo jardim ao meu retiro favorito de figueiras e roseiras, onde as fragrâncias e os sabores da plantação atingiam minha cabeça mais rápido do que vinho aromático, uma mão se estendeu para mim tão rápida e repentina como uma serpente. Ela envolveu minha boca para que eu não pudesse gritar, e o outro braço enlaçou minha cintura, arrastando-me para um lugar isolado. Eu não distingui o rosto, mas senti a respiração quente no meu pescoço e vi o lampejar da adaga desembainhada na mão da pessoa. Meu coração batia tão depressa sob o manto que tinha certeza de que sairia do meu peito e voaria deste lugar. A pessoa sussurrou baixinho. Esforcei-me para reconhecer sua voz. Fazia muito tempo desde a última vez que ouvira um som desse jeito; reconheceria a voz agora? Eu tentei me lembrar do toque de sua pele, mas ele era ainda um rapaz, e o tempo havia mudado a ambos.

O sussurro era tranquilo:

– Quantas noites desejei ter você em meus braços? Você sonha comigo, Ester, como sonho com você? Porque eu tenho visto você caminhar em seu palácio, e nestes jardins, e a tenho amado a distância há muito tempo. Meu pai me casou com uma mulher simples e rude, cujo dote era do seu agrado, embora soubesse que ela não servia para mim. Eu também sei o que é sofrer por casar com quem você não ama.

Essas eram as palavras de meus próprios sonhos, as quais ouvira falar no mundo dos sonhos, e ainda elas não tinham doçura agora, ditas assim no jardim de Xerxes. Eu não esperava ouvir tanta amargura. E por que ele não me deixaria ver seu rosto? Ele parou por um momento, segurando-me com sua respiração irregular e toque rude, antes de continuar:

– Entendo que você não pode ter dado seu coração a um homem como Xerxes. Mas ele não pode apreciá-la da maneira que posso. O rei nasceu no palácio e não conhece mais nada. Só eu vejo o coração que você esconde dentro de si. Só eu posso amá-la assim como os céus desejam. Eu não vou deixá-la esperando por muito tempo mais. Em breve eliminarei nossos inimigos, aqueles que ficam diante de nós e de nosso destino juntos.

Não sei como, mas encontrei voz suficiente para perguntar:

– Inimigos?

– Sim, os vis que se interpõem no caminho da nossa felicidade juntos. Será um negócio limpo, Ester, e então você será minha. Por ora, só posso lhe pedir sua confiança. – Ele correu a lâmina do punhal junto a um dos meus braços, e eu tremi no ar quente da noite do deserto.

– Por que você deve derramar sangue se é só a mim que quer? Eu não valho a vida de tantas pessoas – disse confusa.

Esse não era o rapaz gentil que eu tinha conhecido; o que havia acontecido nos anos de minha ausência? O que Mardoqueu omitira em suas mensagens? No entanto, como eu poderia julgar no que Ciro havia se transformado? Eu também estava diferente. Eu me deitara com outro homem, durante anos fazendo do meu corpo o jardim secreto particular dele. Já não era uma menina que vendia lã e roubava beijos castos ao luar.

Ele riu, agarrando meu cabelo e enterrando seu rosto nele, inalando profundamente. Quando soltou o ar, pude sentir o cheiro do vinho do palácio do rei.

– Ah. Você já vai entender – comentou. – É verdade que eu quero outra coisa. Por que ir para a guerra, senão por todos os despojos? Se for para sermos amantes, eu deveria lhe contar tudo, não deveria? Mas ainda não. Você saberá tudo no tempo certo.

Sua lâmina seguiu a borda do meu manto, do macio da minha coxa à minha barriga, e entre os meus seios, como se quisesse me acariciar, e então ele riu.

– Mardoqueu tornou tudo tão fácil para mim. Ele teve prazer em negar a mim o que devia ser meu, e eu pensei muitas vezes em simplesmente arrastá-lo para uma entrada escura e cortar sua garganta como vingança. Mas espinhos levam a rosas, não é? Ele inadvertidamente entregou a coroa em minhas mãos, por meio de um povo cuja riqueza financiará a minha luta. Eles são um povo indisciplinado, dedicado a um deus de sombras, invisível, e nunca me veriam como rei. Eu não tenho que fazer mais do que destruí-los, e saquear suas casas, e, em seguida, a coroa estará, certamente, ao meu alcance. Então você também vai tomar o seu lugar de direito, ao lado de um verdadeiro rei, aquele que governa um reino, e não aquele que apenas o rege.

Ele deu um beijo suave no meu pescoço, e então me liberou.

Tropecei entre as figueiras de volta para o caminho, o que chamou a atenção de Ashtari, que havia começado a correr os olhos pelo jardim para me encontrar. Quando ela me viu, sua sobrancelha levantou um pouco, mas balancei a cabeça e fingi examinar a primeira flor mais próxima. Tentei ter um vislumbre dele quando partiu, mas não consegui.

Fiquei grata logo que me chamaram para entrar e retirei-me para meus aposentos. Eu devia estar corada de prazer, mas o medo circulava minhas entranhas, e me senti duplamente desprezível, pois foi apenas na mão forte de Xerxes que pensei, em primeiro lugar, para me firmar.

46

Trigésimo dia do mês de Kislev
Décimo primeiro ano do reinado de Xerxes
Ano 3403 após a Criação

Ele sabe. D'us me ajude, mas ele sabe. Devo amá-lo em algum lugar no fundo da minha alma, penso, porque temo tanto por sua mágoa como por meu próprio pescoço. Quando eu estava em seus aposentos, deitada em seus braços, ele, acariciando meu cabelo, perguntou-me aquilo a que eu não tinha resposta:

– Por que você nunca diz que me ama, Ester? – Xerxes sussurrou na escuridão.

A única resposta veio do cantar do pássaro que ficava no canto mais distante do aposento, mais próximo da janela. Ele cantava uma música triste esta noite, suave e baixo, e eu imaginava onde seu coração estava também.

Xerxes apoiou-se em um cotovelo e riu.

– As garotas de harém não podem sair dizendo isso quando são trazidas para meus aposentos! Mas você. Nem sequer uma vez.

Eu tentei uma brincadeira sobre mim mesma.

– São meras palavras. Palavras tão leves quanto o ar. Elas não podem colocar ouro em seu tesouro ou comprar prata para suas espadas. Que utilidade tem o grande Xerxes para as palavras, e as palavras de uma mulher?

– Se você as considera tão pouco importantes, por que não as compartilha comigo? – ele perguntou, agora sombrio. – Eu estou aqui, em Susã, mas você está longe. Onde está você, Ester?

Eu não conseguia encontrar minha voz. Desviei o olhar e me senti muito nua. Tentei me cobrir com a roupa de cama, mas ele empurrou as cobertas para longe e olhou-me ferozmente.

– Os braços de quem estão em você esta noite? Se pudesse, eu o mataria com a minha espada diante de seus olhos! Que rei já teve de ficar olhando enquanto outro homem roubava a rainha da própria cama dele?

Senti uma lágrima rolar em minha face quente e envergonhada, e ele desviou o olhar, impassível.

– Na primeira noite que você veio até mim aqui, jurei que não iria tê-la contra sua vontade. Você ofereceu seu coração livremente pela coroa que usa hoje. Invadi países, cruzei mares, observei enquanto meus homens derramavam seu sangue por mim nas areias sedentas do deserto. Sou um homem de guerra, mas, por você, gostaria de viver como um homem de paz. Comandei um milhão de guerreiros, Ester; por que não comando o seu coração? – Não consegui responder, e suas palavras continuaram: – Minha sede de ver sangue derramado voltou – ele ameaçou. – E vou descobrir a quem você ama, Ester, e o destruirei. – Xerxes ficou em pé na cama; em seguida, virou-se e foi até a janela.

– Meu rei! – gritei. – Seus guardas me vigiam dia e noite. Eu nunca estou sozinha! O senhor sabe que eu não o traí.

– Você mentiu para mim, Ester! – ele gritou enquanto atirava a ave canora pela varanda, a gaiola batendo nos degraus no jardim, os gritos assustados ferindo meus ouvidos, pois eu seria a próxima. – Eu governo um reino de mentirosos! – gritou. – Meu alimento é provado para ver se não há nele veneno, meu vinho é filtrado para verificar se nele existem pedaços de vidro, minha cama é desarrumada para verificar se nela se alojam serpentes e víboras! Eu tolero tudo porque tenho um sonho: o sonho de este império ser governado pelas mentes dos homens, não mais por suas espadas. Sonho com um reino onde as crianças possam mais uma vez brincar nas ruas sem medo do sol poente, e onde nenhuma mãe conheça a dor de enterrar uma criança que foi forçada à guerra em vez de à escola. A Pérsia será um reino onde as pessoas morrerão com muita idade e muitas gargalhadas.

A voz agora se acalmou enquanto me olhava.

– Mas seus sonhos são a minha ruína, Ester, porque não sei quem a rouba em nossa cama quando seus olhos estão fechados. – Ele riu baixinho e entregou-me minhas vestes. – Você estava certa sobre uma coisa, minha rainha. Você me disse uma vez que nenhuma outra garota do harém amaria o homem, somente a coroa. Você disse que era diferente. E estava certa, por que não ama a nenhum dos dois. – Com isso, ele bateu à porta para os guardas, que entraram com espadas em punho e levaram-me de volta para meus aposentos.

47

Vigésimo primeiro dia do mês de Adar
Décimo primeiro ano do reinado de Xerxes
Ano 3403 após a Criação

Já faz agora duas semanas desde que fui chamada a Xerxes. Eu nunca estive afastada dele por tanto tempo, exceto nas festas reais, que ele deve oferecer aos homens, de acordo com os costumes entre o rei e o povo. Não existe tal evento agora. Fui abandonada, e talvez serei esquecida.

Enviei uma mensagem para Mardoqueu, advertindo-o da minha conversa no meio da noite com Ciro no jardim, e apressando-o a descobrir tudo o que pudesse, pois ninguém está a salvo neste momento. Tenho medo de passear em meus jardins à noite em busca de refúgio; tenho medo de tomar banho sem a proteção de muitos serviçais. Não sei quando Ciro irá revelar seus atos desesperados, mas sei que não devo fazer parte deles. Tenho implorado a D'us por Ciro durante tantas noites, mas sei que isso não é trabalho da mão de D'us. Ele nunca iria violar a Si mesmo para me dar o que desejo. E não estaria eu recebendo Ciro em desonra? Xerxes certamente vai achar que eu fazia parte desse plano e, portanto, corro grande perigo. Por que, mas por que é tão escassa a bondade neste mundo, e o mal só se agrava?

Para aumentar as minhas preocupações, Hegai recebeu uma mensagem do Hataque, o eunuco que muitas vezes atende ao rei, dizendo que a ex-rainha Vasti e seu filho, Artaxerxes, estão acumulando apoio no Egito e na Babilônia. Essas regiões estão descontentes com Xerxes já há algum tempo, e ele teve repetidamente de conter o povo. Artaxerxes deve estar quase adulto agora, e pronto para lutar pela coroa em breve, se for para isso que seus conselheiros o levarem. Gostaria de saber qual dos conselheiros do rei caiu sob a influência de Artaxerxes e seus seguidores, pois sei que um plano como esse terá um traidor dentro do palácio também.

Desse modo, uma vez mais, sou apenas um espectador dos planos cruéis dos homens. Mais uma vez devo permanecer em silêncio enquanto o mundo desmorona em torno de mim.

48

Décimo terceiro dia do mês de Nisan
Décimo segundo ano do reinado de Xerxes
Ano 3404 após a Criação

Eu não sabia que tinha tantos guardiões e amigos verdadeiros!

Quando acordei esta manhã, Ashtari já havia deixado os aposentos para atender à corte e despachado cartas a alguns nobres em meu nome. Uma serva me pediu auxílio para uma irmã mais nova que tinha problemas nos olhos; a menina precisava de um emprego e ninguém na aldeia o tinha. Escrevi uma carta para uma nobre que eu sabia que estava precisando, dizendo-lhe que a menina seria uma excelente serva, se contratada. Outra garota tinha recebido a notícia da morte do pai e sua mãe estava mendigando às portas da cidade. Pedi a um nobre que as trouxesse; aparentemente, a mãe é uma costureira maravilhosa, e ambas seriam desse modo abençoadas.

Então, fiquei deitada em minha cama, pensando que meu dia seria lento já que todo trabalho fora realizado por meio de cartas. Dentro de instantes, várias garotas me cutucaram gentilmente para que acordasse, e, enquanto eu esperava meus olhos clarearem, elas já tinham me vestido quase toda e me levado a meu aposento exterior. Lá estava um homem, na verdade não mais alto que eu, com cabelo desgrenhado e uma expressão aflita. Gesticulei para que se sentasse, mas ele permaneceu em pé, então me sentei e esperei que alguém me dissesse o que estava acontecendo.

Ele falou primeiro:

– Boa rainha, muitas vezes tenho levado mensagens de Mardoqueu ao seu servo Stateira. Tem sido minha honra servir-lhe dessa forma. Eu nunca teria revelado minha identidade à senhora, para que não achasse que eu procurava alguma recompensa, mas agora preciso lhe contar algo como prova de minha lealdade à sua coroa. Na noite passada, surgiram notícias do trono de Xerxes, e eu senti a necessidade de trazer-lhe a notícia imediatamente, sem esperar, ou seu amigo estará perdido.

Olhei de garota para garota e, em seguida, de volta para o homem. A que amigo ele se referia?

– Como a senhora sabe – ele continuou –, os judeus vivem aqui na Pérsia pela boa graça de nosso rei, mas não são verdadeiramente bem-vindos. Eles têm costumes estranhos e os mantêm para si. E têm muitas vezes despertado suspeita e raiva por talvez estarem acumulando moedas e tesouros para uma viagem de volta à sua pátria em Jerusalém, enquanto o restante do povo está sendo tributado para financiar o sonho da Pérsia que Xerxes proclamou. Alguém anda envenenando a mente do rei contra essas pessoas, e, em particular, contra o judeu Mardoqueu. Claro, minha rainha, o rei não sabe de sua amizade com Mardoqueu, porque eu fiz o meu dever de manter seus segredos como a senhora deseja. Mas quem quer que esse homem seja para a senhora, quaisquer que sejam os sentimentos que a senhora possa ter, pese-os com cuidado agora, enquanto decide se vai agir.

Comecei a sentir um novo medo, o medo de que meus segredos ocultos estivessem mais perto do que eu tinha sonhado, e acenei para que ele falasse.

– Como Mardoqueu não honrará o primeiro-ministro, Hamã, ele pediu sua própria morte. Estamos de fato impotentes para evitar isso. Mas Xerxes não matará apenas Mardoqueu. Em vez disso, ele pedirá às pessoas em toda a província que matem todos os judeus e confisquem sua riqueza. Ninguém será poupado, mulheres, crianças, idosos, irão todos cair pela espada no dia que for determinado por um lance de dados. Seu amigo Mardoqueu espera fora dos portões do palácio agora, em pano de saco e coberto de cinzas,* lamentando-se.

Eu estava atordoada. Fazia semanas desde que tinha sido chamada para o meu marido, mas como ele poderia ter feito algo tão mal? Isso não fazia sentido nesse homem de paz. Certamente meu amigo de cabelos revoltos estava confuso em algum ponto. Agradeci a ele e ordenei que saísse. Imediatamente, chamei Hatach aos meus aposentos. Eu sabia, por sua expressão, que ele ouvira e acreditava que tudo era verdade.

– Hataque, pegue roupas para Mardoqueu e leve-as a ele agora. Descubra o que está realmente acontecendo, e comunique-me imediatamente.

Hataque saiu, e eu me envolvi com os braços, andando pelo quarto. Meus serviçais, perplexos, tentavam me consolar com tapinhas no ombro e carícias em meus cabelos.

– Certamente a senhora salvará seu amigo – falavam para mim. – Deve ser uma simples questão de apaziguar o orgulho de Hamã. Ou talvez a senhora poderia convencer Mardoqueu a pagar mais impostos para a coroa.

Ashtari retornou do pátio exterior. Com expressão solene, ela disse às outras meninas que nos deixassem. Então, sozinhas,

* No passado, roupas feitas de pano de saco (ou cilício) eram usadas pelos judeus como símbolo de humilhação, de luto e/ou arrependimento. As cinzas significavam desolação e ruína. (N.T.)

Ashtari me circulou, silenciosamente. Ela deu a volta para me encarar, e apontou para a cicatriz horrível em sua coxa.

– Você viu o que um judeu me fez. Por que chora por esse povo? – perguntou, impassível.

Ela sabia.

Eu era sua rainha, mas, nesse momento, ela mandava.

– Por que você nunca me contou? Será que tem medo de que eu não lhe perdoasse? – perguntou.

– Meu único medo era que eu nunca pudesse reparar isso – respondi, tão suave e honestamente quanto conseguia. – Você sofreu nas mãos de um judeu, e não há nada que eu possa fazer para curá-la. Caso lhe contasse, teria tornado o seu trabalho aqui mais amargo, e nossa vitória em pedir minha coroa menos doce. Perdoe-me agora, mas mantenha meu segredo.

A boca de Ashtari começou a tremer.

– Eu era bonita, até que um judeu fez isso comigo. Eu tinha uma família que amava. Tive a oportunidade de me casar, ter filhos! Em vez disso, fui jogada neste palácio para nunca mais voltar para minha vida! Ele tirou tudo de mim! – Ela me chacoalhou, chorando, e tentei embalá-la em meus braços.

– Não, Ashtari, não tudo. Ele tomou sua fé, isso posso ver, mas D'us se provou fiel porque você foi trazida aqui, para mim, e para este palácio, onde tem sido amada e honrada todos os dias desde que a conheci.

Ela ergueu o rosto para mim.

– Isso não é para nós entendermos nossos dias – continuei. – Estamos cercadas por mágoas escondidas, feridas que não cicatrizam. Tudo o que podemos fazer, nesta época, é confiá-las a D'us. Não temos respostas, mas não é resposta o que procuramos. Buscamos a cura de D'us, e eu orei por você a partir do instante em que nos conhecemos.

Ashtari chorou novamente, mas colocou os braços ao redor do meu pescoço.

– Possa D'us me curar agora! – ela gritou. – E perdoe a dureza de meu coração! Diga a Ester agora, D'us, o que ela deve fazer nesta hora de trevas!

Hataque voltou logo com uma mensagem de Mardoqueu. Tinha um olhar sem esperança. Abriu a mão esquerda e um comunicado do rei para a província de Susã caiu no chão. Instruía a todos que massacrassem os judeus no décimo terceiro dia de Adar, o décimo segundo mês, e confiscassem seus bens e sua riqueza. Por ordem do rei, ninguém deve ser poupado, nem mesmo as crianças ainda no peito.

Senti frio quando li, e quis vomitar. Essa mensagem não poderia ter sido selada com o mesmo anel que eu havia usado em meu leito conjugal! Essas palavras não saíram da boca que cobrira a minha de beijos! Como tinha esse decreto vil acontecido? Minha mente só podia correr e imaginar o que – ou quem – tinha se chegado ao rei durante minha ausência. Será que alguém no palácio sabia que eu era judia? Talvez uma menina do harém de quem o rei se tornou amante o tenha levado a tal decisão. Mardoqueu recusou-se a se curvar a Hamã – ele pode esperar um açoitamento, ou uma repreensão, mas toda a nação abatida? Não, não havia uma razão que justificasse o extermínio dos judeus, e, quando refleti sobre as palavras de Ciro no jardim, comecei a suspeitar que a questão envolvia ouro, não orgulho. Tenho sido bem tutelada neste palácio, quase até a escuridão do coração. Há mais coisa aqui do que orgulho ferido.

Preciso descobrir.[**]

** Ver comentário correspondente na p. 320 do anexo: "Mulheres e terror: uma nova compreensão da guerra".

49

Décimo terceiro dia do mês de Nisan
Décimo segundo ano do reinado de Xerxes
Ano 3404 após a Criação

Chamei Hegai a meus aposentos tarde da noite e coloquei diante dele uma bacia de figos. Ele já parecia saber que eu lhe faria um pedido, mas confiava em mim para deixar a conversa desenrolar-se como deve. Finalmente chegou o momento de lhe contar. Enquanto derramava nosso vinho com especiarias nos cálices após termos comido até nos satisfazer, sorri e falei:

– Hegai, você tem sido um amigo e servo confiável neste tempo todo desde que cheguei aqui. Você me entregou ao rei, mas agora devo pedir sua ajuda para me livrar dele.

Hegai assentiu com um gesto de cabeça e bebericou um gole de vinho lentamente. Ele era o tipo de homem a quem nada surpreendia, mas não sei se seu jeito de ser decorria do caráter autêntico ou do resultado de uma vida passada em um harém.

Eu continuei:

– Três coisas revelam as pessoas pelo que elas são: perigo, amor e ouro, e todas existem neste palácio. Hegai, tenho uma confissão. – A melancolia me invadiu, em razão de minha própria fraqueza e da terrível situação que se aproximava. – Deixei que a recordação de um rapaz controlasse meu coração por muito tempo. E agora anseio pelas noites com o rei, antes que este presente perverso infeste nossos dias. Xerxes é verdadeiramente um bom homem, e este mal tornou isso claro para mim. Sou uma mulher desventurada por não ser capaz de retribuir sua bondade mil vezes.

Cobri o rosto com as mãos, e Hegai colocou as dele sobre as minhas, puxando-as delicadamente e secando minhas lágrimas. D'us fora muito bom em me conceder esse terceiro pai.

– Tenho ocultado de Xerxes e também de você muitos segredos, a partir do momento em que cheguei a este palácio, e durante todos os anos aqui, mas eles logo aparecerão, pois o rei firmou involuntariamente minha sentença de morte. Mas há mais aqui do que ele sabe, e a destruição do rei é estar acessível – eu disse sem rodeios. Como o ar da sala parecia muito abafado, levantei-me e abri as cortinas da janela da varanda, permitindo ao ar da noite nos saudar. Então, continuei: – O ar do deserto aqui se torna apenas discórdia e traição, e não sei que terror golpeará primeiro. O rei cometeu um erro terrível neste momento crítico, e receio que isso inicie sua queda, e a nossa. Xerxes divulgou um decreto que visa exterminar uma raça inteira de pessoas, os judeus que vivem exilados aqui. O rei acredita que, dessa forma, por fim trará paz e harmonia, mas esse ato apenas forrará com ouro os bolsos de um traidor para uma nova guerra, além de avivar as paixões do povo por um novo rei. Estarei morta, e o trono de Xerxes será alvo de destruição.

Hegai absorveu tudo com uma imensa calma, o rosto sem qualquer registro de medo ou rancor.

– Como posso ajudá-la, minha rainha?

– Acredito que há um homem que guarda a chave para tudo. Você deve me levar até ele nesta noite.

50

Meia-noite, décimo terceiro dia do mês de Nisan
Décimo segundo ano do reinado de Xerxes
Ano 3404 após a Criação

– Eu já vesti muitas mulheres, mas nunca desse jeito – Hegai sorriu.

Eu estava afundada em mantas grossas e felpudas e perguntando-me como iria descer os pequenos degraus do meu cômodo para o pátio, onde encontraria o caminho até os aposentos dos Imortais. Somente ao grupo de Magos e aos temíveis Imortais era permitido andar livremente entre o palácio e os jardins. (Eu tinha tentado levantar a espada que Hegai esgueirara para meu quarto, mas tropecei e perdi o equilíbrio. Não podia passar por um Imortal se não conseguia aguentar-me sob a armadura deles, então eu seria um Mago.)

Havia um grosso pedaço de armadura sobre o manto externo, gravado com uma imagem do sol e da lua, e uma oração para Ahura Mazda. Ele era o deus do sol, mas os persas também acreditavam que a lua lhes trazia poderes especiais, e eles não podiam jurar lealdade a um sobre o outro. Isso foi um infortúnio para mim, uma vez que tornava a armadura tão grande que eu temia que meu pescoço não suportasse o trajeto. Hegai gostou do efeito – na verdade, ele pensou que era mais seguro caminhar coxeando pela idade, e por isso funcionava.

Era estranho, muito estranho, despir-me de todas as minhas joias, meus anéis, colares e pulseiras, e enfiar-me sem adornos nessas vestes de idólatras. Parecia que meus pés seriam cortados pelas sandálias de couro cru, por tanto tempo acostumados a chinelos de seda e pele. Como me tornei delicada pela vida na corte! Alguma vez eu já usara vestes tão simples como estas, ou andara com pés descalços sobre areias quentes? É uma bênção que talvez as garotas nunca mais deixem o harém, pois eu mesma me habituei ao conforto. Éramos flores de uma variedade exótica agora, e nunca poderíamos sobreviver do lado de fora.

Finalmente, meu cabelo foi preso para cima e meu rosto escondido por um capuz preto que lançava uma grande sombra sobre minhas feições. Eu parecia um Mago, mas essa noite estava indo desfazer um feitiço, e não fazer um. Hegai me levou com cuidado para fora de meu aposento e por corredores raramente usados, até a escada de trás. Ninguém olhou duas vezes enquanto eu passava; éramos apenas outro conjunto de servos atendendo aos caprichos da coroa. Eu tinha sonhado muitas vezes em provar a liberdade, da mesma forma que os animais nos campos, por vezes, se irritam com seus jugos. Eu tinha sonhado andar por essas mesmas escadas e sair para o frio da noite. Mas hoje a minha missão se voltava a outro tipo de liberdade. Talvez eu tenha mantido a lembrança de Ciro no meu coração por tempo demais; talvez isso tenha precipitado eventos que eu não conseguia entender. Mas acabaria com aquele plano essa noite, e salvaria meu povo.

Descemos as escadas, saímos para o pátio e seguimos por outro caminho que Hegai parecia conhecer bem. Ele me levou até o limite das casernas e fez sinal que eu parasse. Dando alguns passos para a frente, ele falou em particular com um guarda apreciando seu tabaco à noite. O guarda me olhou com desinteresse e apontou para uma porta. Hegai tomou-me pela mão e levou-me até ela. Então se inclinou para perto de mim e sussurrou:

– Mais uma vez eu a levo para o aposento de um homem. Uma vez foi por amor e glória, e agora é pela esperança desesperada de vida. Que o seu D'us a abençoe. Vou esperar por perto.

Os alojamentos aqui estavam estranhamente tranquilos. Muitos deveriam estar celebrando o Ano-Novo, mas poucos pareciam acordados ou mesmo tomavam conhecimento da minha passagem. Eu me movi por entre os alojamentos daqueles que eram Imortais. Fiquei imaginando se eles viviam como seus iguais espartanos da Grécia, que não participam de comilanças e bebedeiras. Talvez a execução próxima dos judeus tivesse tornado sóbria a mente deles enquanto afiavam as espadas, e não estivessem com o coração para festas. Todos os meus pensamentos combinavam com o silêncio em torno de mim.

Agora eu iria para o homem que amara por tanto tempo, mais longo agora do que o período que realmente o havia conhecido. Eu clamara tantas vezes em meu coração por estar livre deste lugar, e não sabia se eu tinha, de alguma forma, chamado Ciro para o meu lado, se foi por isso que ele se engajou nesses feitos. O que ele tinha falado no jardim nunca pode acontecer, vejo isso agora. Como o nosso nobre antepassado José, as tristezas que tenho suportado acabaram sendo para a libertação do meu povo. Entendo agora que D'us me colocou aqui para salvar meu povo, e não colocarei em risco suas vidas porque meu coração estava absorto nesse homem por tanto tempo.

Respirando fundo para tomar coragem, abri a porta lentamente, encontrando-a destrancada, e entrei no quarto. Ele estava lá, polindo sua espada e o escudo, com uma taça cheia ao seu lado. Levantou o olhar e acenou com a mão que eu me retirasse.

– Eu não tenho nenhuma utilidade para você, meu amigo. – E voltou ao polimento, e eu não conseguia mover-me.

Esse era de fato o Ciro dos meus sonhos, o menino tornou-se um homem, e nada de minha imaginação havia me traído, mesmo enquanto eu estava a apenas à distância de um braço. Ele era forte e irradiava o complexo e selvagem vigor de um homem. Percebi que me acostumara a ser servida por eunucos. Ciro era igual a Xerxes em todos os sentidos, exceto que esse homem tinha agarrado meu coração. Fiquei sem palavras por vê-lo tão claramente. Ele olhou para cima e, vendo que eu ainda estava lá, alcançou a mesa, pegou uma moeda e atirou-a aos meus pés.

– Aqui, se é disso que você está atrás, vá e diga que Ciro honrou os Magos mais uma vez, mas me deixe agora.

Eu não removi o capuz, mas abri a bolsa escondida em minhas roupas. Moedas de ouro derramaram-se em um lampejo amarelo, cobrindo o chão e fazendo tanto barulho que assustou Ciro tanto quanto a visão delas.

– Acredito que eu é que tenho de lhe trazer ouro, Ciro – sussurrei.

Ele olhou das moedas para o meu rosto, mas não podia ver além de sombras.

– É tudo uma questão de moedas, não é? – perguntei em voz baixa. – Você tomaria a coroa não pelas pessoas que a apoiam, mas pelo tesouro dela.

Ciro se levantou de um salto, pulando por sobre a mesa, e empurrou-me contra a porta, o braço contra minha garganta. Meu capuz deslizou mais para baixo, mas não precisei ver sua fúria; senti-la foi o bastante.

– Que mal é esse de que você fala? Como o meu nome está envolvido? – ele sussurrou. – Eu guardo a vida do rei com a minha própria e não vou deixar ninguém enlamear o meu nome.

Eu não conseguia respirar. Não encontrei palavras para responder a ele; apenas balancei a cabeça.

– Você não pode estar referindo-se ao decreto do rei sobre o massacre do remanescente judeu aqui – disse Ciro. – Eu não sou o ouvido do rei, e não guio a mão dele para escrever. – E aliviou sua força contra o meu pescoço para que eu pudesse responder.

– Você não se lembra do jardim, meu amor? – perguntei, a voz tão próxima da minha própria quanto me era possível, com o braço dele esmagando-me. – Se é apenas o dinheiro que quer, pegue isso e vá. Deixe os judeus em paz e haverá mais, muito mais.

Ele aliviou um pouco mais a pressão, a testa profundamente vincada. Quando se recompôs, estendeu a mão para o meu capuz e deslizou-o para trás com facilidade. Emudecido, Ciro olhou para mim, a rainha, seu amor de juventude, de pé nos aposentos privados de um Imortal.

Finalmente, ele me puxou para perto e me segurou.

– Quem sabe que você está aqui? – sussurrou.

– Hegai, meu serviçal do palácio, me trouxe até você, e ele é confiável – respondi.

– Ester, o que significa isso que você falou, e como estou envolvido? – ele me perguntou de novo. – Você não pode acreditar que eu desejaria que o rei destruísse nosso povo?

Comecei a entrar em pânico, a me sentir confusa e insegura.

– É o que você me disse no jardim. Eu vim aqui esta noite para ver se você poderia ser dissuadido. Você queria se vingar de Mardoqueu, de seu pai, dos judeus que me traíram para o palácio... Você me queria. – Eu não parecia mais uma mulher fazendo confissões, mas apenas uma garota fazendo perguntas estúpidas. Senti-me com medo, e tola.

– Eu nunca estive em seu jardim, Ester. Diga-me o que aconteceu – ele me pediu.

Eu lhe contei, sentindo-me mais assustada agora, porque meu inimigo era desconhecido, e assim, talvez, incontrolável. Eu lhe contei dos presentes, e do encontro clandestino, ele cerrou a mandíbula enquanto escutava.

– Ester, você está certa, o nosso povo e o rei correm grande perigo. – Ele andou por um momento no quarto minúsculo, e mal completou três passos. – Os Imortais sob o meu comando têm cuidado de Vasti e Artaxerxes há já algum tempo; nós sabemos que eles estão em movimento, ganhando apoio e criando um fundo de guerra. Mas, mesmo assim, não acho que essa ameaça venha deles. Deve haver alguém mais perto do trono para derrubá-lo. – Ele se virou para mim e tocou meu rosto por um momento. – Você deve voltar, Ester. Não retorne aqui novamente. – Então, mais firme, ele me segurou pelos ombros e olhou nos meus olhos. – Nunca arrisque sua vida desse jeito de novo. Eu passei a vida defendendo-a.

Ciro beijou minha testa ternamente, suspirando apenas uma vez antes de colocar o dinheiro de volta na minha bolsa e empurrar-me em direção à porta.

Sua voz era um sussurro rouco:

– Há Imortais que veem o mal nesse novo decreto. Vamos sugerir que estamos prontos para as exigências do rei, e ao mesmo tempo vamos derrubar aquele que motivou Xerxes a escrevê-lo. Os homens leais a mim vão procurar essa pessoa e destruí-la, minha rainha. Prometo-lhe isto: ele não vai acabar com o seu reinado, ou com o nosso povo.

Hegai movimentou-se rapidamente para o meu lado, e fizemos o nosso caminho de volta até meu palácio, e até meus aposentos. Chorei em silêncio durante todo o percurso. Os Magos dizem que o Sol ilumina nosso coração, mas é aqui, esta noite, na fria luz da lua, que os meus dias se tornaram claros para mim. Uma vez eu fora afastada de Ciro e trazida para este palácio, apreensiva e com medo, não querendo dar-me a outro. Agora sei que a lembrança de Ciro não se compara com o homem, mas, sendo tudo que ele é, não posso desonrá-lo mais desejando que seja meu. E agora, como anseio por Xerxes, sua bondade disfarçada pelo rosto bruto e toque ávido! Anseio por tudo que já tive com ele, e temo não ter mais. Será, D'us, que Xerxes me dará outra chance?

Quando entramos pelas portas do meu aposento, vimos um homem de roupas escuras que deslizou sobre a sacada, fugindo o mais rápido que pôde. Hegai me empurrou para trás da porta e correu atrás dele. Mas o homem era tão rápido como o tigre de Yoon-Mai saltando pelo jardim. Hegai voltou ofegante e vasculhou os aposentos, à procura de outro intruso, fosse um homem, uma cobra ou outros instrumentos de morte rápida. Quando ele revirou as cobertas de minha cama, um anel de sinete estava em meu travesseiro com um bilhete: "Quando chegar a hora, use este anel e assim evitará que meus homens a machuquem". Hegai segurou-o perto das tochas que queimavam acima de nós. Então se virou para mim para mostrá-lo, o rosto marcado por uma sombria satisfação.

– Esta é a marca da casa de Hamã – ele me disse.

51

Décimo quarto dia do mês de Nisan
Décimo segundo ano do reinado de Xerxes
Ano 3404 após a Criação

Hegai colocou guardas para vigiar minhas janelas, solicitando, com discrição, mais servos para me assistir à noite. Eu consegui tomar banho e dormir, e registrar os acontecimentos da tarde antes de ser interrompida de novo. Hataque me entregou uma mensagem de Mardoqueu, seu próprio plano de acabar rapidamente com esta loucura. Hataque parecia nervoso lendo-a em voz alta para mim. (Sem dúvida, ele já a havia lido antes.)

Saudações de seu primo Mardoqueu.

Finalmente você deve ir até o rei e revelar-se como judia. Deve suplicar a Xerxes que poupe seu povo e reverta o decreto.

(Revirei os olhos aqui. Mardoqueu é tão abertamente falante, e ingênuo. Em um palácio de mentiras, eu devia apenas ser honesta.)

Suspeito que o primeiro-ministro Hamã esteja por trás da ordem do massacre.

Por favor, continue alerta até que eu saiba mais.

Era impossível a Mardoqueu saber o quanto mais Hamã queria. O sangue dos judeus era apenas um lubrificante para as rodas de guerra. Um homem como Hamã buscava a guerra nunca pela emoção de lutar, mas somente pela ganância da pilhagem. Esta é a parte de meu papel aqui: pilhagem.

Eu só podia rir. Mardoqueu me enviou uma sentença de morte. Possivelmente eu nem sequer saiba quem são meus inimigos na corte, mas conheço o protocolo: se for até o rei sem ao menos ter sido convocada, morro.* Ninguém se aproxima do trono de Xerxes sem ser convidado, nem mesmo a rainha. Ou em especial a rainha, devido ao legado desrespeitoso que Vasti me deixou. É verdade que chamaram os guardas não só para proteger a garganta do rei, mas também sua honra.

Era esse o grande plano de Mardoqueu, a soma de sua habilidade diplomática? Suspirei e contraí a mandíbula. Sem querer desrespeitá-lo, mas vivo no palácio durante cinco anos, e Mardoqueu não passou sequer uma hora dentro dessas muralhas.

– Não posso fazer isso – eu disse a Hataque.

Ele concordou com um gesto de cabeça, sabendo que o desfecho seria a decapitação.

---

* O antigo historiador secular Josefo relata a lei particular de Xerxes: “Agora, o rei havia feito uma lei, afirmando que ninguém do próprio povo poderia aproximar-se dele, a menos que fosse chamado, quando ele se sentava sobre o trono, e os homens com machados na mão permaneceram ao lado do trono de Xerxes, a fim de punir qualquer abordagem a ele dirigida sem serem chamados”. *Josephus, The Complete Works*, traduzido por William Whiston (Nashville: Thomas Nelson, 1998), 358-359, 11.6.3.

– Essa não é a maneira de salvar as pessoas – ele comentou.

Na verdade, ele tentou me consolar, ajudando-me a pensar nessa névoa de medo, e finalmente decidimos enviar esta mensagem a Mardoqueu:

> Todos na corte, e o povo por todo o reino, sabem que há apenas um destino para aqueles que se aproximam do trono de Xerxes sem ser convidados: a morte. Existe uma única exceção: se o rei estende seu cetro de ouro, isso significa que a pessoa que se aproximou dele poderá viver. Ninguém jamais ousou testar a misericórdia de Xerxes dessa maneira, e sou a menos qualificada para tanto neste momento, pois já se passaram trinta dias desde a última vez que fui convidada para ir até o rei.

Achei muito difícil escrever, com todos no aposento me olhando, mas concluí a mensagem e tive o cuidado de lacrá-la, observando o olhar de Hataque enquanto pressionava meu símbolo na cera. Ele corou e não perdeu o foco. Não é prudente ler mensagens dos outros, mesmo se você testemunhou a escrita.

Eu incluí uma informação sem que ninguém soubesse:

> Mesmo nos dias em que minha coroa está segura, à noite, na cama do rei, nunca está, pois ele encontrou uma nova favorita.

Mardoqueu fizera amizade com muitos servos que se deslocavam livremente entre o palácio e a aldeia, no entanto não podia saber o que acontecia por trás das muralhas do palácio o tempo todo.

Enviei Hataque para entregar nossa mensagem a Mardoqueu. Se alguém espionasse o encontro de ambos várias vezes em um dia, haveria suspeita, mas com data marcada para sua execução, senti que ele seria indulgente. Portanto, pedi a Hataque que entregasse a mensagem e, em seguida, buscasse Harbana, que, servindo ao rei durante todo o reinado, deve saber mais pormenores do que estou ansiosa por conhecer.

Hataque me deixou rapidamente. Ashtari desceu em busca de um chá curativo que acalmasse meus nervos. Eu deveria receber as respostas de ambos, Harbana e Mardoqueu, antes do anoitecer. E agora, no silêncio de meu aposento – oh, como me senti refugiada aqui, mas agora começo a me sentir em um sepulcro! –, disponho de algum tempo para registrar não só esses acontecimentos, como também meus pensamentos. Senhor, Você intercederá? Ou me trouxe até aqui a fim de me enviar para a morte? Fomos exilados nesta terra contra nossa vontade. Nós nos mantivemos separados para honrar Você nesta terra de deuses e superstições. Por que Sua ira se acendeu? Devo morrer e deixar o povo sem defesa? Essa não pode ser Sua obra. Mas Você está disposto a desfazê-la?

Fiz o que receava fazer desde que fui trazida para cá há seis anos. Desloquei-me para o terraço e ordenei aos servos que me deixassem e esperassem lá embaixo. Mesmo sem ter certeza de que ninguém me observava, continuei. Eu marcava o sol, sua posição no céu a essa hora, e virava-me em direção à casa de meu povo, a sede da graça de D'us. Eu me virava em direção a Jerusalém, ajoelhava-me e depois me deitava. Estendia as mãos como se assim pudesse pegar qualquer gota de misericórdia do céu, e eu, a rainha cuja beleza abalou o reino, pressionei meu rosto na poeira e orei.

52

Noite, décimo quarto dia do mês de Nisan
Décimo segundo ano do reinado de Xerxes
Ano 3404 após a Criação

Não pense que, por morar no palácio, só você, entre todos os judeus, escapará da morte. Se você ficar calada numa situação como esta, do Céu virão socorro e ajuda para os judeus, e eles serão salvos; porém você morrerá, e a família do seu pai desaparecerá. Mas quem sabe? Talvez você tenha sido feita rainha justamente para ajudar numa situação como esta![*]

Hataque repetiu as palavras da mensagem de Mardoqueu parado diante de mim, à espera de minha reação. As palavras de meu primo eram menos do que complacentes. Também na mensagem que Habana me deixou havia pouco espaço para duvidar de meu curso de ação: "Não há qualquer evidência de que você deixou de ser a favorita do rei; ele nem sequer se enamorou de nenhuma garota. Na verdade, em sua ausência, ele tem uma diferente a cada noite". Hataque balançou a cabeça ao ouvir a

* Esta mensagem está registrada nos textos sagrados de judeus e cristãos. Consulte Ester 4:13,14, *Nova Versão Internacional da Bíblia*, ou capítulo quatro no livro judaico das *Escrituras*, o qual se refere a Ester, a Megilá.

mensagem, e eu quase sorri. Algumas pessoas têm o dom de ferir com palavras de conforto. Hashtari me observava com atenção conforme eu recebia as mensagens, e então me perguntava o que ela estaria sentindo. Hashtari nunca fora autorizada a compartilhar sua cama; eu fora forçada a compartilhar a minha com muitas rivais. Em meu desespero, houve momentos em que a surpreendi olhando para mim de modo estranho, e eu ficava imaginando se era pena ou inveja.

Meu tempo no terraço não havia produzido as palavras certas. Eu sentia medo de ter procurado D'us tão sinceramente e nada ter recebido no momento em que precisei. Se D'us se negara a me ouvir, o que isso significa quando eu for mesmo procurar Xerxes?

Um pássaro voou em minha janela, descansando no peitoril e cantando suavemente. Por um momento, ficamos todos paralisados pelo visitante, que balançou a cabeça e fitou-nos com um olhar aprazível. No silêncio que nos envolvia, ouvi em minha mente um versículo de Salomão: *Com paciência, um governante pode ser persuadido, e uma língua suave pode quebrar um osso*. O pássaro cantou novamente, e encantei-me com as asas frágeis, que ainda eram capazes de rechaçar os ventos e levá-lo para onde quer que desejasse ir.

– Esta é a resposta! – eu disse em voz alta.

Todos se viraram para me olhar, as expressões indicando desconcerto.

– Eu sou uma criação fraca – comecei. – Busquei a grande força de D'us para entender esse mal. Mas a fraqueza é a minha força. Entregue esta derradeira mensagem a Mardoqueu esta noite – instruí Hataque. – Diga a ele: "Reúna todos os anciãos do povo judeu e envie esta mensagem por toda Susã a todos os judeus:

Jejuem por mim. Não comam ou bebam nada durante três dias, nem de dia, nem de noite; eu e meus servos faremos também o mesmo.** Não me comprometo com sua resistência ou com o dinheiro. Concedam-me sua fraqueza. Se vocês exaltarem a D'us por meio de orações e sofrimento, eu irei até o rei, ainda que seja proibido. Se eu tiver de morrer por causa disso, morrerei".

Conforme Hataque se virou para sair, agarrei sua mão e segurei-a enquanto eu falava. Hataque tinha a pele macia e suave de um eunuco da corte, mas eu senti que ele amava a lealdade mais do que o conforto. Apesar de agora ele também conhecer meu segredo, eu não sentia medo.

– Você tem sido um amigo fiel, Hataque. Durma em paz quando voltar esta noite. D'us sorrirá para você por ajudar meu povo.

– E que seu D'us sorria também para esse plano – Hataque comentou assim que se virou para partir.

Não sei o que acontecerá agora, o que D'us destina a esse novo plano. Costumo rir com os videntes que leem o futuro em folhas de chá, mas muitas vezes não sou diferente, tentando adivinhar a vontade de D'us. Observei Hataque sair e envolvi meus braços ao redor de mim como se estivesse com frio. Pergunto-me se viverei para vê-lo novamente.

** O jejum, um hábito judaico até hoje praticado, envolvia recusar comida e bebida por um período de tempo predeterminado, com a finalidade de se dedicar à oração e à meditação. Os judeus acreditavam que reduzir as distrações do mundo físico possibilitava melhor discernir a vontade de Deus e receber as bênçãos divinas.

53

Décimo sexto dia do mês de Nisan
Décimo segundo ano do reinado de Xerxes
Ano 3404 após a Criação

Os DIAS DE JEJUM não me trouxeram respostas concretas e não há qualquer garantia repentina. Em uma terra onde as mulheres são despojadas de todo poder, eu fui escolhida para enfrentar um inimigo mais poderoso. Em minha mente reviravam mais e mais as palavras de Salomão, e eu meditava sobre os caminhos para a paciência e a gentileza. Lembro-me dos ensinamentos de Mardoqueu quando eu ainda era uma menina: É uma coisa acreditar que a Escritura é verdadeira; é outra coisa bem diferente confiar nela e agir.

A veste que usei na coroação ainda drapeja tão encantadora como naquela noite tantos anos atrás. Faz realmente cinco anos que vim para Xerxes? Mais uma vez, as garotas me prepararam tão rigorosamente quanto a primeira noite com o rei, quando coloquei os olhos sobre o homem que seria meu rei, meu amante, meu captor e meu escudo. Minhas joias repousam sobre meu corpo como uma cachoeira do céu. Um enorme rubi, fixado em ouro e rodeado por turquesa, está aninhado entre meus seios, apenas parcialmente revelado no meu vestido encoberto por um manto de ouro e rubis. As garotas do harém são célebres em esconder tudo de uma vez; estou jogando um jogo mais lento e mais sério: estimulando-o a lembrar, e a imaginar. E então atraí-lo para que ambos nos revelemos.

Não existem rosas hoje à noite para meu cabelo. Cheguei a este palácio como exilada, e, se devo morrer, morrerei da mesma forma exilada. As garotas me circularam lentamente enquanto penteavam o último fio de cabelo e alisavam a última dobra da veste. Estamos todos fracos de fome e desespero. Somente Ashtari tem servido para manter nossas mentes ocupadas. Ela tem sido incansável, explicando às outras garotas a perigosa missão (elas perceberam que, seu eu falhar, estarão perdidas quando uma nova rainha chegar ao poder). Ashtari comunicou ao pessoal da cozinha que preparasse um banquete para os apaixonados, com alimentos consumidos lentamente e servidos com elegância. Preciso de todas as oportunidades, e devo viver, para servir ao rei e honrá-lo diante de nossos convidados. É verdade que estou desfalecendo de fome. Se for deixada sozinha, provavelmente vou devorar tudo que aparecer à minha frente. No entanto, preciso servir ao rei primeiro como se meu único apetite fosse por ele. Talvez não consiga comer na presença de Hamã. Rei David uma vez nos prometeu que D'us nos ensinará a festejar na presença de nossos inimigos, e também preciso acreditar nisso.

E, então, é hora de ir.

Eu serei conduzida, mais uma vez, e talvez seja a última, para o homem que pode me decapitar, ou me levar para a cama, dependendo de seu humor. Senhor, Você me fez rainha, e me deu riquezas que vão além de meus sonhos. É demais pedir agora por minha vida? E, se me der minha vida, também me dará a nação dos judeus?*

---

* Os escritos de Josefo confirmam o relato de Ester, mas acrescentam o detalhe de que ela, enfraquecida pela fome, necessitou de duas servas para apoiá-la, bem como o peso de suas vestes, enquanto se aproximava do rei.

54

Noite, décimo sexto dia do mês de Nisan
Décimo segundo ano do reinado de Xerxes
Ano 3404 após a Criação

Eu estava no pátio interior do palácio, para onde tinha sido levada passando por servos e conselheiros deliberando sobre os assuntos do reino; todos eles se assustavam agora, ao me ver em minhas vestes reais aproximando-me do rei sem aviso prévio. Alguns poucos dos mais dignos conseguiram recuperar-se a tempo de abaixar a cabeça em respeito enquanto eu passava. O rei devia estar tratando de assuntos oficiais, porque todos os seus conselheiros estavam presentes, e pude ouvir mais vozes abafadas vindas do interior da sala do trono enquanto me aproximava. Cheguei ao centro do átrio exterior, parei e esperei. O que Xerxes veria quando levantasse o olhar? Veria a mulher que ele amava, ou a esposa que o havia traído, mesmo que apenas no coração?

Vi Xerxes em seu trono, rodeado por vários homens que lhe empurravam pergaminhos, e um eunuco que o abanava no calor do final do dia. Xerxes enxergou primeiro minhas vestes, eu acho, pois as joias refletiram a luz da tarde em mil arcos vermelhos em todo o piso de mosaico. Ele parou um momento para me olhar, e prendi a respiração.

Com um largo sorriso, seus olhos se fixaram em mim ali por um momento, e todos os outros olhos se voltaram em minha direção. Eu tinha arriscado minha vida ao me oferecer a ele. Meu desejo natural e a carência que sentia dele não passaram despercebidos pela vaidade do rei. Os homens na sala do trono imediatamente fizeram reverência e recuaram de costas retirando-se do aposento, e o sorriso de Xerxes alargou-se. Seu eunuco, Harbana, entregou-lhe o cetro de ouro, e o rei o estendeu para mim agora.

Caminhei com coragem, o queixo trêmulo e os olhos lutando para reter as lágrimas quentes de alívio, e toquei a ponta do cetro.

– O que deseja o seu coração, minha amada rainha? O que você quer de seu rei? Apenas peça agora e ele será seu, mesmo que seja metade do meu reino! – ele disse tão alto que eu sabia que todos do lado de fora tinham escutado.

Mesmo agora, os olhos dele me despiam e não pude resistir, mas segurei uma risada. A ausência de trinta dias tinha me sido útil. Saber da ansiedade de Xerxes por me ver encorajou-me; ele estava pronto para me dar o que eu quisesse.

– Meu bom rei sabe que eu nunca pedi ouro ou reinos. Mas, se isso agradar a meu rei – respondi, fazendo uma reverência e indo quase até o chão para que todos vissem meu afeto por ele –, permita que meu rei venha, com Hamã, para um jantar que preparei. Dê-me o que é meu por direito, como sua rainha: uma noite para honrar e servir a meu rei.

Os olhos de Xerxes iluminaram-se de imediato; uma festa seria uma distração bem-vinda diante dos assuntos tediosos de governar um reino.

– Chame Hamã imediatamente – Xerxes ordenou a Harbana. – Vamos jantar com a rainha Ester.

Fiz uma reverência diante do rei mais uma vez e beijei sua mão enquanto ele me ajudou a ficar em pé.

– O rei me honra acima de todas as mulheres, todos os dias desde que o conheci. O senhor vai se reclinar sobre meu peito esta noite, e lembrar-se de por que me fez rainha.

Com isso, recuei de costas cuidadosamente e retirei-me, tendo o cuidado de mostrar a todos no palácio, e no átrio interno, que honrava ao rei em todos os sentidos. Fui levada por outro eunuco do palácio até a sala do banquete que Ashtari havia ordenado que fosse preparado. Estava realmente perfeito. Velas e flores, e cascatas de videiras verdes adornavam uma mesa de entalhada em ouro e farta de cestas com cerejas e nozes, tigelas de mel e óleo, cordeiro assado com alho-poró e cebola e um aroma sensual de açafrão flutuando em um guisado de carne. Pão, quase branco em função da moagem cuidadosa do trigo, havia se partido pelo calor do forno, e o bafo quente espalhava-se pelo cômodo. Um jarro de creme aninhava-se ao lado de uma bandeja de frutos silvestres.

Eu ainda estava absorvendo o cenário e, silenciosamente, elogiando Ashtari pela excelência quando o rei foi anunciado. Virei e curvei-me, e, quando me levantei, percebi que ele era seguido por Hamã. Vendo-o de perto, entendi o rumor constante de que ele era o homem mais bonito que a corte já tinha acolhido. Ele não andava; entrou na sala como se cada passo reivindicasse seu direito legítimo ao território. Ver Hamã me fez pensar por um momento se D'us tomou um cuidado maior na modelagem de alguns de nós, porque, em verdade, esse homem era perfeito. No entanto, alguma coisa apodrecida molestava sua pele e parecia pendurar-se dos dentes dele quando sorriu para mim. Enrijeci os ombros enquanto ele me observava. E foi o que ele fez, os olhos movendo-se imprudentemente sobre mim, muito à vontade na presença do rei. Eu não previra isso. Por um instante, esperei que Xerxes fosse agarrar o homem e assim eu me livraria dele, mas o rei nem prestou atenção. Ele já estava provando as tentações colocadas à sua frente.

Dei um leve sorriso para Hamã e fiz um gesto para que se sentasse. Ele se reclinou contra uma almofada de seda amarela e espalhou lã de cordeiro debaixo dos pés. O rei escolheu a sua favorita – uma almofada púrpura que os funcionários egípcios diziam assemelhar-se a um hipopótamo. Mas ela o envolveu e não precisou de nenhum ajuste para que eu me posicionasse atrás dele, de forma que se reclinasse contra meu peito para ser alimentado. A noite estava apenas começando, e, quando servi o vinho para o rei (deixei Hamã ser servido pelos eunucos de mesa), ele estava de bom humor.

– E agora, o que você quer, minha amada? Eu lhe daria a metade de tudo que tenho, se você simplesmente pedisse! – Xerxes suplicou, a mão descendo ao longo das minhas vestes, enquanto a outra segurava a taça.

Os olhos de Hamã não deixavam os meus, ou meu corpo, desde que entrara. Ele seguiu a mão Xerxes enquanto ela viajava sobre minhas vestes, pousando em minha coxa. Também prestou atenção na joia escondida em meu peito e, quando lambeu os lábios depois de um gole de vinho, eu me perguntei que sabor sentia na boca. Notei que a adaga dele estava ao seu lado, o que não era costume dos homens da corte.

Mas ainda não chegara a hora.

– Aqui está o que eu quero – respondi a Xerxes, passando os dedos por seus cabelos suavemente.

Os olhos de Hamã seguiram cada movimento meu, e os dois homens pararam de beber o vinho para escutar o meu pedido. Que crise tinha levado a rainha a pedir uma audiência? A que o rei renunciaria esta noite? Outra joia? Alguma recompensa do tesouro?

– Se o rei me favorecer e tiver prazer em atender ao que desejo e peço. – Fiz uma pausa – Que o rei e Hamã voltem amanhã para o jantar e direi a ambos.

Hamã sorriu para mim e tomou outro longo gole de vinho enquanto seu olhar permanecia como a lambidela úmida de um cão em meu rosto. Eu não podia saber o que Hamã imaginava que justificasse a repetição de meu convite. Em sua criatividade miserável e vã ambição, tudo era possível. Era dele a voz que eu ouvira naquela noite, a serpente no jardim. Talvez ele pensasse que suas palavras haviam provocado minha própria impaciência para acabar com o reinado de Xerxes e, finalmente, estar nos braços de outro.

Xerxes exalou e riu, e ergueu a taça em um brinde. Claramente ele tinha entendido minhas palavras como se eu não quisesse nada além de sua companhia. Talvez amanhã à noite eu fosse apenas repreendê-lo por não ter me chamado durante trinta dias. Ele levantou o copo e brindou a Hamã e a mim:

– Vamos comemorar esta noite, e amanhã voltaremos para mais diversão.

Foi o que fizemos. Eu, cuidadosamente, fiz questão de sair da festa assim que o último dos vinhos estava sendo aberto.

– Bebam uma taça pela lealdade à coroa – propus enquanto me encaminhava para a porta.

Esperava que as minhas palavras não passassem despercebidas por Hamã. Elas certamente se perderam para Xerxes, que, apesar de ter comido tudo o que coloquei à sua frente, parecia ter seu apetite aguçado pela minha presença. Assim, não estava plenamente satisfeito ao me ver partir.

As garotas estavam esperando-me, todas posicionadas nas beiradas das cadeiras e da cama em meus aposentos. Elas se levantaram quando me viram, procurando em meu rosto algum indício do desfecho.

– Eu não disse nada. Amanhã à noite vamos festejar novamente.

Algumas apenas me fitaram, e outras gemeram. Apenas uma falou:

– Então jejuaremos até amanhã à noite?

Eu estava tão cansada pelo jejum de três dias e pelo medo que só consegui sorrir e balançar a cabeça em negação.

– Se você ainda não comeu, por favor, peça à cozinha que envie um pouco do banquete para seu quarto por minha ordem. É hora de comer, e deixar que o nosso destino repouse em outros ombros que não os nossos próprios. Os acontecimentos foram postos em movimento, e D'us está ciente do nosso plano. – Dei um tapinha de leve na mão da garota.

Finalmente Ashtari falou. Senti seu desconcerto e me perguntei se era medo ou raiva por ela querer o desfecho esta noite, e não amanhã.

– Por que, rainha Ester, você não falou esta noite? – perguntou.

Encontrei seu olhar.

– Ashtari, quando você pega uma serpente pelo pescoço, se a deixar ir muito rápido, ela não vai atacá-la? Preciso ter certeza de que o destino de Hamã está selado, com o pescoço quebrado, antes de enviá-lo de volta ao rei.

A resposta pairou no ar, e as garotas viraram-se lentamente para regressar aos seus aposentos. Apenas Ashtari permaneceu e ajudou a me preparar para a cama, as mãos firmes e gentis enquanto escovava meu cabelo. Embora falando pouco, eu sabia que ela não estava em paz com a minha decisão de prolongar nossa agonia.

Mais tarde naquela noite, meu sono foi agitado. O vinho e muito alimento queimavam no meu estômago. Três dias de jejum tinham preparado o meu espírito, mas ajudado muito pouco meu corpo. A noite pesava em meus sonhos também, e Hamã apareceu diversas vezes, de pé sobre a minha cama, as mãos procurando-me na escuridão, o sorriso pingando um veneno que me queimava os olhos. A cada pesadelo sem sentido eu acordava, mas Ashtari estava lá, enxugando minha testa e alisando as cobertas de seda. Meus olhos estavam ardendo apenas pelas lágrimas e a exaustão, ela explicou; Hamã não estivera no cômodo.

Em outro lugar no palácio, outro grupo de serviçais preparava o próximo banquete, e ainda outro estava percorrendo o campo em busca de mais iguarias e delícias para enfeitar a mesa. Quando, finalmente, eu não conseguia mais dormir, levantei-me e olhei para fora de minha varanda. Parecia que também o sol não havia dormido bem, parado a meio caminho no horizonte.

Meus pensamentos se voltaram para Mardoqueu e para o que ele estava fazendo. Ele deve saber agora que eu ainda estou, pelo menos, viva, embora o destino dos judeus ainda não esteja decidido. Mas o que é dele? Será que Hamã vai tocá-lo antes do dia da matança? Mardoqueu ainda está vivo?

55

Décimo sétimo dia de Nisan
Décimo segundo ano do reinado de Xerxes
Ano 3404 após a Criação

Hataque, sem perder tempo, apareceu em meus aposentos esta manhã. As camareiras ainda estavam encorajando-me a beber um pouco de chá quente para acalmar meu estômago; meu rosto estava preocupado quando ele chegou trazendo notícias de Mardoqueu.

– Uma mensagem de Mardoqueu? – perguntei ansiosa.

– Não – ele retrucou. – Não tenho falado com Mardoqueu. No entanto, trouxe notícias sobre ele, alguma coisa interessante que circula no palácio do rei. – Encorajei-o a contar. – Hamã pretende matar Mardoqueu hoje, antes do banquete à noite.

Gritei, e uma serva correu para me amparar.

– Algo o incitou a colocar seu plano em ação de imediato em vez de esperar – disse Hataque. – Hamã ordenou a construção de uma forca de 75 pés de altura, e planejou pendurar Mardoqueu nela, em público, depois de combinar com o rei. Na verdade, Hamã foi até o rei hoje, antes do amanhecer, para pegar a autorização selada da morte de Mardoqueu.

Fiquei tonta e não consegui firmar-me, mesmo tentando.

– No entanto, boa rainha – ele rapidamente acrescentou, vendo minha aflição –, Harbana me deu a notícia de que Mardoqueu ainda pode adiar seu destino. Tenho medo, porém a cura é pior do que a enfermidade, pois pode provocar em Hamã uma ação impetuosa, que certamente seria a desgraça definitiva de Mardoqueu – explicou Hataque, a voz arrastando-se longe de meu pensamento. – Eu o olhei, e ele continuou: – Minha rainha, Harbana me contou que o rei não conseguiu dormir na noite passada. Como é de costume, ele ordenou que os registros fossem trazidos e lidos. Por acaso, ou talvez porque seu D'us assim quis, nos doze anos de reinado de Xerxes, a passagem que os guardiões de registros viram primeiro foi uma história sobre a lealdade de Mardoqueu à coroa ao expor a conspiração assassina de Bigthana e Teresh. Mesmo enquanto Hamã esperava no aposento exterior para pedir a cabeça de Mardoqueu, o rei estava sendo lembrado do serviço fiel dele. Quem, senão o seu D'us, poderia ter planejado isso? – ele me perguntou com respeito, antes de continuar a narração do drama. – O rei ficou surpreso ao se lembrar desse relato, e sentou-se em sua cama:

– Que grande honra foi concedida a Mardoqueu por isso? – ele perguntou.

– Nenhuma – o guardião dos registros e seus assistentes responderam.

– Nada foi feito por ele! – o servo acrescentou novamente para enfatizar. Não era muito difícil para eles se lembrar de um servo fiel da coroa que fora menosprezado.

"O rei, surpreendido por uma ideia, levantou-se e perguntou se havia alguém no pátio inferior. Não existiam consultores àquela hora, exceto Hamã, que tinha acabado de construir a forca. Então, Xerxes ordenou que o trouxessem e colocou esta questão:

– Diga-me, Hamã, que honra seria mais apropriada para um homem que tem servido ao rei e merece todo o reconhecimento?

Certamente Hamã acalentara essa questão por anos, porque Harbana disse que a resposta dele foi rápida e segura: – Vida longa ao rei por sua mão generosa aos servos fiéis. Este homem deve ser o mais honrado, meu rei, para vestir o manto que o rei usou em cerimônia,* ou para montar o cavalo que o rei montou em procissão real. O nome desse bom homem seria aclamado por todas as gerações se o rei tivesse um fidalgo para conduzi-lo a cavalo pela cidade, clamando ao povo: 'Este homem é altamente favorecido e honrado acima de todos os outros junto ao rei!'."

– Então, é isso que está sendo feito – concluiu Hataque. – Mardoqueu está cavalgando pelas ruas, conduzido por Hamã, e provavelmente passando direto pela forca. – Hataque interrompeu para dar uma risada, balançando a cabeça como se estivesse afastando a tensão.

Os servos romperam em risadas também; os rumores sobre Hamã percorriam a corte havia meses. Ele não era conhecido pela paciência em relação aos erros dos outros quando lhe serviam ou pelo tratamento honroso dedicado às servas mais jovens.

Porém, logo em seguida, Hataque ficou sério de novo.

---

* Hamã não está simplesmente se referindo a uma peça de roupa, mas à fortuna: as vestes que o rei usava em cerimônias e na recepção aos visitantes eram tecidas de ouro, com fileiras de pedras preciosas entre os pontos da costura. Portanto, Hamã está pedindo riquezas e honra permitidas somente ao rei.

– Por ora Mardoqueu está vivo, mas a ira de Hamã foi duramente incitada. Não sei o que acontecerá; Hamã não correrá o risco de um assassinato em público logo após essa grande honra, mas nas ruas um estranho poderá ser persuadido a concluir o trabalho, não é?

Hataque me fitou atentamente antes de sair, enquanto Hashtari pousava a mão no meu ombro.

– Que você tenha sucesso à noite, minha rainha – ele desejou.[**]

** Veja comentário correspondente na página 322 do anexo.

56

Noite, décimo sétimo dia de Nisan
Décimo segundo ano do reinado de Xerxes
Ano 3404 após a Criação

Fui conduzida pelo corredor até o palácio do rei mais uma vez. Para esse encontro, eu havia escolhido uma veste real de tecido branco, com ajustes de contas turquesa na faixa azul amarrada à minha cintura. Cordões dourados pendiam de minhas mãos e dos tornozelos, e meu cabelo fora penteado frouxamente para trás, com alguns fios soltos para enquadrar meu rosto e o pescoço, e o rei poderia desatar a presilha de pérola com apenas uma mão, se assim quisesse. As garotas haviam pintado meus olhos com malaquita, acentuando-os com uma pincelada de verde, e uma profunda linha preta abaixo deles. Meus lábios eram de um vermelho intenso, e perguntei-me se meu rosto estava enrubescido para combinar com o conjunto todo. Eu havia colocado uma flor de lótus entre os seios, de modo que o perfume chegaria até Xerxes enquanto ele me beijasse. Com esse toque final, tinha feito todo o possível para me tornar atraente.

Eu estava confiante em minha causa e em minha preparação, mas não pelo meu rei. Pelo relato de Hataque, eu sabia que Hamã não havia se revelado completamente ao rei. Xerxes nem sequer sabia que Mardoqueu era judeu, e, portanto, destinado por Hamã ao massacre. Então, perguntava-me se até mesmo o rei compreendia o que ele havia assinado quando entregou os judeus para a destruição. Xerxes era conhecido pelo número de grandes projetos com os quais se comprometia: extensos sistemas de via de transporte, inéditos antes de seu reinado, sedes de governo por todo o reino, leis e procedimentos civis, códigos e sistemas de tributação bastante complexos. Não era segredo que Xerxes assinou tantos decretos reais que quase não tivera tempo ou disposição para lê-los atentamente. Ele era um homem dado à ação, não aos detalhes, e o inimigo havia encontrado o único verdadeiro defeito do rei e nitidamente apontava para ele.

Quando eu lhe revelasse a verdade, quando finalmente eu fosse desvendada como uma judia condenada antes dele, e sua decisão precipitada aparecesse como a insensatez que era, como ele reagiria? Será que ficaria mais furioso por ter sido enganado com tanta facilidade ou por ter sido traído por seu conselheiro mais próximo? Pensei nos encantadores de cobra que entretêm a corte. Eles sabiam focar o animal e, desse modo, controlar o veneno caso fossem feridos. Eu me saíra bem em sobreviver na corte em todo esse tempo, mas, e quando a raiva de Xerxes fosse despertada, quem estaria a salvo? O rei fora traído uma vez por uma mulher a quem amava, e não sofreria por isso novamente. Feridas do coração não se curam frequentemente pelo domínio do que nossas mãos fazem. Será possível confiar na capacidade de Xerxes ver com clareza quem o havia traído? Será que ele compreenderá que preciso salvar meu povo, e desafiar a coroa é o percurso mais seguro para salvaguardar a honra do reinado?

Conforme me aproximava da sala de banquetes, um eunuco muito jovem correu para a frente e pressionou um bilhete em minhas mãos antes de escapar pelo corredor.

Cuidado.

Hamã não agiu sozinho. Nem você enfrentará esta noite sozinha, porque ordenei aos Imortais que tripliquem a proteção à sala de banquete. Se você estiver em perigo, por conta de Hamã ou do rei, grite e meus homens invadirão a sala para levá-la em segurança. Caso isso aconteça, encontre-me na nossa montanha, onde juntos decidiremos se retornará ao palácio. Mais uma vez, confiaremos aos outros nosso destino.

Ciro.

Era uma bênção saber que Ciro estava pronto para salvar minha vida, e um tormento pensar em novos finais para essa história que nunca acabava. Eu salvaria meu povo esta noite, ou morreria no palácio que me tirou deles.

As portas da sala de banquete se abriram, e eu me senti satisfeita. A arrumação da mesa havia sido definida antes, mas agora espelhos de cobre refletiam a luz das velas ao redor, e rosas vermelhas frescas formavam um rio escarlate escorrendo pelo centro da mesa. Lágrimas me vieram aos olhos quando aspirei esse perfume. Uma vez, ainda menina, orei para que a fragrância das rosas voltasse a mim com um toque de aventura. Agora, eu ansiava por senti-la, trazendo-me uma lembrança de casa e dos dias simples e tranquilos.

As portas se abriram atrás de mim e virei-me para encarar meus convidados. Primeiro entrou Hamã, ricamente vestido, embora parecesse desgrenhado; eu não conseguia identificar a essência do que ali estava fora de lugar. Talvez fosse apenas o coração dele, ou a consciência – se um homem pode ter uma – de que estava despenteado e pouco à vontade. Havia algo novo em seus olhos, algo que não vi com uma frequência tão crua neste palácio. Medo. E isso quase ofuscou a avidez abafada ainda viva nele.

Então o rei foi anunciado e fez sua entrada. Sorri, um sorriso livre e franco quando percebi que ele não sabia da traição que estava sendo tramada e para a qual caminhava. Lamentei nunca ter sido capaz de revelar meu segredo ao rei. Eu ficaria feliz de finalmente lhe contar tudo. Se eu vivesse. Para sobreviver a esta noite, eu tinha de direcionar o veneno do rei para Hamã.

Senti-me insegura enquanto conduzia Xerxes a seu lugar. As mulheres em seu reino serviam apenas para se vestir para a cama do rei e, de um modo satisfatório, dar-lhe herdeiros. O rei havia banido uma rainha do aconselhamento dos consultores. Agora, aceitaria a palavra de sua rainha e baniria o conselheiro? *Querido D'us*, implorei silenciosamente, *como poderei mudar a história? Sou uma prisioneira; como posso pedir a liberdade de um povo?*

Os eunucos começaram a derramar o vinho, e o rei acomodou-se confortavelmente contra mim, sem parecer notar que seus companheiros estavam em angústia pessoal. Tomei um longo e profundo gole de vinho, e deixei meus dedos correrem pelo cabelo do rei, como poderia ter feito em qualquer ocasião. Notei que Hamã segurava a taça com força, a mente em outro lugar. Eunucos o rodeavam, reabastecendo o vinho muito mais rápido e com mais frequência do que eu havia visto na noite anterior. A música suave da lira encheu a sala, e, conforme eu passeava os dedos ao longo do rosto do rei, tinha a impressão de que ele fechava os olhos, apreciando o momento. Quase todos os seus sentidos estavam saciados agora, e, para Xerxes, a noite transcorria agradável. Entre seus goles de vinho, eu o alimentava com pistaches. Nós três tínhamos pouco para falar, mas Xerxes considerou esse silêncio como se nós, também, tivéssemos sido enlevados pela noite.

Quando finalmente começaram a limpar a mesa para servir o prato principal, Xerxes apoiou-se em um cotovelo e virou-se um pouco para me olhar.

– Rainha Ester – ele começou –, o que você quer, minha amada? Eu lhe daria a metade de tudo que tenho, mas preciso que peça!

Xerxes adorava ser bastante generoso diante de Hamã, mostrando-lhe que poderia doar metade de um reino e não sentir falta dele. Mal sabia que, na verdade, eu pediria muito mais. Seu olhar firme dizia-me que ele esperava, com determinação, uma resposta essa noite. Todos praticamente nem sequer se mexiam enquanto eu lutava à procura das palavras.

Minha coragem sumiu de repente, e umedeci os lábios enquanto fazia uma pausa. Encontrei os olhos de Xerxes, e minha mente pareceu de repente voltar ao passado, através de mil noites, para a primeira noite em que fui levada aos aposentos reais. Lembrei-me de sua primeira carícia, e de seu olhar quando deslizou o anel em meu dedo. Lembrei-me de como ele lentamente me atraiu para aquilo com que sonhava, um reino governado por justiça e ordem. Xerxes perderia seu sonho por sua própria mão, se eu não agisse, e agisse bem.

– Fui trazida até você com nada, bom rei – eu disse. – Você me deu tudo que tenho. Você me deu a si mesmo, um presente do qual eu não era digna. Agora, no entanto, sou obrigada a lhe pedir mais. Perdoe-me. Peço ao meu rei duas coisas esta noite: minha vida, e a vida de meu povo, que tem sido traído, nosso pescoço abatido por ação de sua poderosa espada. Você também, meu amado, tem sido traído porque não disse a quem destruiria. O rei me matará, sua rainha, e todo o meu povo em função de um decreto emitido por esta corte há alguns dias.

Xerxes explodiu:

– Eu jamais faria uma coisa dessas! Suas servas tolas mentiram para você, mas juro pelo meu trono, Ester!

Balancei a cabeça, ainda não encontrando os olhos de Xerxes.

– Não, meu senhor, eu vi o decreto assinado por seu próprio anel. Você ordenou o massacre de meu povo, e, segundo o decreto, também devo morrer. Afinal, tenho lhe ocultado um segredo todos esses anos. Fui uma menina simples, que cuidava de rosas e de cordeiros, e fiquei órfã muito cedo. Isso você sabe do meu passado, e é verdade. Mas há mais do que esta história inicialmente contada, e irei dizê-lo agora: fui criada por Mardoqueu, o judeu que muitas vezes está nos portões do rei, conduzindo negócios menores para a corte, enquanto eu cuidava de nossa tenda no mercado. Sou judia também. É verdade que seu pai, sentado antes de você no torno, era bondoso e gentil com os judeus, e nada tenho a temer de você. Mas há entre nós uma pessoa determinada a destruir os judeus, cada um de nós, passando pelas mães e as crianças que carregam nos ventres. Muitas gerações atrás, D'us concedeu a meu povo uma batalha para eliminar essa ameaça da terra para sempre, e completamente. No entanto, nossa mão fraquejou quando empunhamos a espada de D'us. Cometemos um grande pecado, permitindo a nosso inimigo que vivesse. Não fomos capazes de fazer o que deveria ser feito. Acreditávamos muito na esperança de uma mudança no coração dos homens. Acreditávamos que o passado era algo morto e silencioso. Lamento que o erro de nosso passado agora o alcance para despi-lo de seu bom nome. Portanto, peço-lhe que inverta sua ordem. Nenhum rei jamais reverteu um decreto real, eu bem sei, mas peço-lhe que não permaneça na tradição dos homens mortos, que só desmoronam abaixo de você. Reverta o decreto e puna o homem que o apresentou a você.

– Quem é ele, Ester? Quem é o traidor? Ele pagará com sua vida – Xerxes ordenou.

– O traidor é quem compartilhou seu pão e seu vinho, e compartilharia sua rainha se o plano para derrubar a coroa tivesse sucesso. O traidor fez um plano quase perfeito, exceto por desconhecer que eu também sou judia. Eu me pergunto, Hamã, você, que é um homem cheio de detalhes e planos, como deixou escapar esse fato? – eu disse, virando-me agora para encarar o cão.

Xerxes ficou de pé em um salto, olhando furioso para Hamã, que continuava reclinado nas almofadas, procurando a voz. E então ele quase respondeu, mas apenas pequenos goles de ar passaram em sua boca, e, sem conseguir expelir quaisquer palavras, sacudiu um pouco os braços. Sem palavras que apaziguassem o rei, Hamã enfureceu. Com o braço poderoso, arrastou tudo para o chão e esmurrou abaixo de minha elegante mesa. Os olhos dele revelaram a sede de sangue feroz de seus sonhos, e ele encarou Xerxes. Hamã ergueu-se das almofadas e ficou em pé, os dois homens olhando-se ao longo da imensa mesa. Os eunucos em pé em seus postos próximos às paredes olharam ao redor da sala em pânico, sem saber se os guardas fora da sala haviam ouvido, pois Hamã seria imediatamente preso. Todos esperaram uma ordem de Xerxes.

Mas o rei saiu da sala, furioso. Conforme ele passava e fechava as portas, ouvi um barulho tremendo. Aparentemente, o prato principal havia chegado, e Xerxes, ao se dirigir pelo corredor, fez as portas irem de encontro às travessas. Servos confusos espalhavam-se, sem saber como nos servir em meio a tal calamidade. Hamã enfim encontrou as palavras, e seu tom era bem mais suave do que o ódio que lhe queimara os olhos momentos antes:

– Boa rainha Ester, salve-me deste erro – ele disse. – Os judeus têm falado sobre você com muita crueldade. Eles estão com inveja, posso ver agora como as irmãs invejam o belo. Eu queria apenas ficar livre deles, e ter você, porque sua enorme beleza me obriga a isso. Perdoe-me, assim como perdoaria a qualquer um enlouquecido pelo amor. Você não consegue entender a dor de amar alguém que não pode possuir. – Ele rasgou as vestes e passou a mão no rosto em agonia.

Virei o rosto dos apelos de Hamã, que circulou a mesa e agachou-se próximo a mim. Como havia rasgado as vestes, seu peito estava claramente visível, os grandes músculos esticando a pele.

– Sei o que sente por Xerxes. Sei que não o ama – ele murmurou. – Posso dar-lhe o que ele não pode. – Hamã lançou um olhar afiado para fora da varanda. – Posso dar-lhe sua liberdade.

Não o olhei diretamente. Ele aproximou-se para pegar minhas mãos nas suas, e protestei com veemência. Instintivamente, as mãos dele cobriram minha boca, enquanto os olhos varriam o aposento. Lutei para me libertar, e Hamã perdeu o equilíbrio, cambaleando sobre mim. Como sua mão escapou de minha boca, gritei.

As portas abriram-se, a madeira pesada de cedro quase destruída pela força, enquanto Xerxes e uma enxurrada de Imortais intervieram ao mesmo tempo. Os Imortais correram até mim, saltando sobre a mesa e puxando Hamã pelo pescoço. Um Imortal agarrou-me, e senti que ele começava a me erguer por sobre seu ombro, para me salvar, sob o comando de Ciro.

– Deixe-me! O perigo está em Hamã – sibilei, e ele me soltou.

Xerxes urrou:

– Hamã se atreve a estuprar a rainha, enquanto estou decidindo seu futuro?

Hamã congelou, dominado pelo terror, sem perceber que ainda segurava uma corrente de ouro que havia arrancado da minha veste. Harbana, o eunuco do rei, falou primeiro:

– Olhem para lá! – ele apontou para a paisagem um pouco além da janela da sala. – Aquela forca foi construída por Hamã para pendurar Mardoqueu em público, o servo que salvou a vida do rei!

Xerxes moveu o olhar de Harbana para Hamã e, então, para os guardas. Com a voz fria e mordaz, ele disse:

– Você é mesmo um homem de detalhes, Hamã, e agradeço-lhe a precaução. Harbana, chame Ciro, o chefe dos Imortais, e faça com que pendure Hamã na forca* – ordenou.

Os homens pegaram um Hamã arrasado e levaram-no para longe. Xerxes ordenou que nos deixassem sozinhos. Então,

* Pendurar não significa uma forma de punição que a civilização ocidental chegou a conhecer. Pendurar envolvia espetar um homem em um enorme mastro e deixá-lo ali até que morresse.

aproximou-se de mim, conforme eu me recostava, e segurou minhas mãos entre as suas com ternura.

– O que eu fiz, minha rainha? – ele perguntou.

O peso dos anos, dos segredos bem guardados e do coração sombreado desmoronou agora, conforme revelava meu verdadeiro amor por ele. Pressionei a palma de sua mão em meu rosto e finalmente deixei as lágrimas rolarem. Ele chamou um guarda.

– Encontre esse homem chamado Mardoqueu e traga-o até nós imediatamente – Xerxes ordenou.

Eu tinha esperança de que seria Mardoqueu o próximo a entrar, e não um mensageiro dizendo-nos que agira tarde demais. Xerxes abraçou-me enquanto esperávamos.

Quando Mardoqueu chegou, atirei os braços em torno dele e chorei novamente. Estar finalmente reunida com meu primo, minha única família, era mais doce do que eu havia imaginado. Mardoqueu envelhecera muito nesses anos de separação. Ele já não era um homem simples, preocupado com os negócios do mercado e que cuidava de suas tarefas nos portões do rei. Afinal, também havia carregado o peso da coroa por muito tempo. Juntos, viramo-nos para encarar Xerxes, em cujos pés caí. Ele estendeu o cetro de ouro para mim, e eu sabia que podia suportá-lo.

– Se for do agrado do meu amado rei, se realmente estou em boas graças, por favor, ordene que revoguem esse maléfico decreto de Hamã para matar os judeus. Sou sua rainha, para sempre leal a seu trono, mas como conseguirei viver feliz se vir o sangue de meu povo correndo pelas ruas? Você sempre esteve pronto a me dar metade do reino, mas eu não lhe pediria tanto. Peço-lhe simplesmente por esse remanescente do povo.

Xerxes disse a única coisa que eu não esperava que dissesse, se meu plano fosse levado tão longe.

Ele disse que não.

– Minha Estrela – começou com tristeza –, nunca um rei da Pérsia reverteu um decreto, então isso não poderá ser feito. Minha palavra permanecerá.

O que eu poderia fazer, senão assentir? Eu havia pedido; ele recusara.

Xerxes nos olhou e sorriu com suavidade.

– No entanto, farei uma coisa: junto com Mardoqueu, escreva algo que queira a favor dos judeus; em seguida, traga para mim e vou selá-lo com meu anel de sinete. Talvez você encontre um modo de fazer mais pelos judeus do que reverter o decreto. O espólio de Hamã agora pertence a você, rainha Ester. Disponha dele como quiser, até mesmo enquanto Hamã está pendurado na forca. Nenhum inimigo de vocês permanecerá aqui enquanto eu tiver força para usar minha coroa.

Mardoqueu solicitou tempo para orar antes que escrevêssemos nosso próprio decreto. Isso agradou ao rei, que lhe ordenou que fosse escoltado para um bom aposento do palácio pelo tempo que desejasse. Mardoqueu saiu, e eu mais uma vez estava sozinha com meu rei. Ele virou-se para mim, caminhando lentamente conforme me examinava.

– Diga-me, Ester, minha Estrela – começou ele –, você viveu secretamente como uma judia com um rei que adorava outro deus. Conte-me que outros segredos você mantém escondidos de mim.

– Meu rei, nada mais tenho para revelar – eu respondi.

Talvez ele não tenha acreditado, mas sorriu.

– Meu amor, há sempre mais para ser revelado. – A extremidade de sua boca moveu-se para cima, e suas mãos moveram-se para baixo de minhas costas.

57

Vigésimo terceiro dia do mês de Sivan
Décimo segundo ano do reinado de Xerxes
Ano 3404 após a Criação

Como Mardoqueu foi rápido para se estabelecer no palácio do rei! Ele imediatamente removeu homens que estavam sob suspeita, incluindo tanto servos como conselheiros. Os eunucos que cuidam de mim provaram-se uma excelente fonte de descoberta de intrigas. Como é solta a língua deles, ao que parece, quando estão em tarefas e fora da minha vista! Mardoqueu tem feito um enorme esforço para proteger o rei, e não promover a si mesmo, já que meu primo é um conselheiro muito mais confiável, tendo substituído, com sincero discernimento, os conselhos ímpios de Hamã. O rei chamou seus conselheiros à corte hoje, quando posicionado no trono, e ambos, Mardoqueu e eu, estávamos em sua presença. Mardoqueu tinha me aconselhado quanto ao que devemos propor ao rei, e eu o havia instruído sobre o que mais agrada a Xerxes. Os conselheiros escreveram minhas palavras enquanto Mardoqueu ditava nosso novo decreto para o dia original fixado por Hamã para o massacre:

Para todos os sátrapas, governadores e funcionários das províncias desde a Índia até a Etiópia, uma proclamação do Grande Rei Xerxes, assinada com o seu anel na presente data, no décimo segundo ano de seu reinado.

Nenhum inimigo dos judeus vai restar. Todo judeu em cada província deve estar pronto, armado e preparado com a boa bênção do rei, para matar qualquer um que ameace sua família.

Somente os judeus podem decidir quem são seus inimigos e a quem eles devem matar. E, se um inimigo dos judeus for morto, as propriedades desse inimigo vão se tornar legítima-propriedade do judeu vingador.

Esta ordem entra em vigor no dia treze do décimo segundo mês, o mês de Adar.

Quando Mardoqueu terminou de ditar o decreto, o rei convocou seus escribas, que trabalharam rapidamente para transcrevê-lo para as línguas nativas do reino. Xerxes, então, convocou uma centena de mensageiros, ordenando-lhes que montassem os cavalos mais rápidos da estrebaria real e que levassem essa mensagem a todas as províncias do reino. Elas deveriam ser expostas publicamente para os judeus e seus inimigos lerem e compreenderem. Uma mensagem foi prontamente afixada na cidade capital de Susã, onde também ficava o palácio. Ao cair da noite, os judeus saberiam que sua libertação estava segura e os cúmplices de Hamã veriam claramente o seu castigo se aproximando.

Mardoqueu, então, seria um herói entre seu povo, e o coração deles se alegraria e se iluminaria quando soubessem que a rainha também é uma judia.

Xerxes chamou Mardoqueu para a frente e mostrou-o aos eunucos do palácio com um gesto. Os eunucos começaram a vesti-lo com um manto roxo e branco, colocando-lhe uma coroa de ouro e uma capa do linho mais macio.

– Que a paz reine por mil anos em meu reino por causa de sua grande sabedoria. Que o seu povo viva bem, sabendo que você estará sempre diante de meu trono – foi a bênção do rei.

Mardoqueu fez uma grande reverência e, levantando as mãos, disse:

– Eu dou glória a D'us, que tem trabalhado neste palácio, e em nossa vida, muito antes de estarmos conscientes de Suas ações. E honro minha leal prima pela sua força, a força de 10 mil Imortais, por perseverar e conquistar a coroa, o coração do rei e o povo dela.

58

Primeiro dia do mês de Adar
Décimo terceiro ano do reinado de Xerxes
Ano 3405 após a Criação

Em apenas doze dias, as ordens do rei entrarão em vigor. Hataque trouxe-me relatos da cidade, confirmados por Mardoqueu, que vem e vai livremente do palácio para a cidade e de volta. Os judeus aqui exilados, que só procuravam um refúgio tranquilo e paz, estão loucos de alegria com o pensamento de guerra contra seus inimigos. Foi-lhes dada uma segunda chance, e eles têm sido mantidos sob controle por muito tempo. As mulheres, em particular, estão prontas para o derramamento de sangue. Elas enfrentaram muitas noites de pesadelos, tendo visto a sentença de morte dos filhos assinada e publicada, enquanto o vinho fluía livremente nas casas onde os homens de Hamã afiavam suas espadas. Agora a vingança está libertada, mesmo antes que o mal possa acontecer. E não há vingança tão rápida e terrível como a de uma mãe quando vê suas crianças levadas para a sepultura.

No entanto, anseio ver a justiça completa restaurada na terra. Vizinho se virou contra vizinho agora; paixões inflamadas não se acalmam tão facilmente. Mardoqueu me diz que sussurros agora tomam o lugar do riso na praça do mercado. Quando chegar o dia de meu povo atacar o inimigo, buscaremos uma justiça final e paz, ou uma vingança louca que levará a mais guerra? Meu povo está à beira de seu momento divino, mas eles vão perder seu caminho? Temo pela visão da Pérsia que Xerxes defende. Ele não tinha previsto uma guerra racial em sua terra. Guerras sempre envolveram reinos e coroas; agora é um antigo ódio irracional dos judeus que força a crise. Meu povo segura muito mais nas mãos do que seus próprios destinos. Afinal, uma guerra civil poderia ser desencadeada aqui, e que judeu quer morrer no exílio de Jerusalém? Será que se esqueceram do nosso apelo para retornar e reconstruir?

Nada pode trazer de volta os anos perdidos. Fomos exilados da nossa Terra Santa pela guerra, e pela nossa própria mão rebelada contra Deus. Esta guerra nas províncias não iria restaurar essa bênção novamente. Comecei a me perguntar por que causa os judeus estariam lutando, em seu coração.

Jejuei e orei mais uma vez, enquanto considerava o destino diante de meu povo. Sim, uma grande vitória talvez aconteça. Mas eles se aproximarão de D'us agora, voltarão e sentir-se-ão confortados, ou será que reabrirão suas feridas com suas próprias espadas, correndo sem D'us no dia de seu destino? Será que eles ainda sentem a necessidade de D'us agora que têm sua libertação?

Por que, perguntei a Xerxes, ele não poderia reverter o decreto? Por que ele nos força a enfrentar o momento? É verdade que a palavra do rei representa a lei, e esta que não pode ser alterada. Era o orgulho que o impedia de quebrar essa tradição? Mas, quando perguntei, Xerxes me deu uma razão que eu não tinha previsto, uma razão sábia que me fez refletir:

– Se você deixar cair um saco de penas em uma colina, quantas você consegue recuperar, minha Estrela? – perguntou.

– Nenhuma, meu senhor – respondi.

– E assim é com o mal no coração dos homens. A lei de Hamã liberou uma ambição vil que eu nunca poderia recolher. Seus inimigos se levantaram, e você deve matá-los. – A tristeza que havia em suas palavras me comoveu. Ele não estava ansioso para ver o sangue derramado em sua terra, para ver um povo governado pacificamente virar-se um contra o outro. – Você deve orar ao seu D'us para que os judeus encontrem paz duradoura com os povos desta terra.

59

Décimo terceiro dia do mês de Adar
Décimo terceiro ano do reinado de Xerxes
Ano 3405 após a Criação

Judeus se reuniram em cada cidade, em cada província, para guerrear contra qualquer pessoa que levante a espada contra um judeu. Todo inimigo conhecido dos judeus sabe que vai morrer hoje. Mardoqueu foi tão honrado por Xerxes que as pessoas entendem que o rei está ao lado dos judeus. Eu imagino que, agora, eles já ouviram que sou uma judia também. Tenho ouvido relatos de que muitas pessoas se converteram apenas para escapar da espada. Mesmo o pai de Ciro, antes tão ansioso para assimilar de forma despercebida a nossa cultura, faz estardalhaço de sua herança judaica. Ele cumprimenta os rabinos em voz alta no mercado, quando antes teria se apressado em fingir não conhecê-los. Ciro me enviou este relato. E confirma que os meus inimigos são bem conhecidos por ele e se reunirão com sua espada hoje. Na carta de Ciro também havia estas palavras, que eu gostaria que ele tivesse omitido, ou nomeado os homens mais diretamente:

Os homens que ajudaram Hamã a buscar o trono fugiram.

Acredita-se que eles se foram sob a cobertura da noite, quando o amanhecer chegou à nossa cidade. Vestiram-se como mulheres, longos véus pretos cobrindo a cabeça e rosto. Mas não é o costume em Susã usar as vestes até o chão, e eu me pergunto por que os guardas não perceberam tornozelos peludos aparecendo! Talvez a escuridão tenha sido, de fato, uma acompanhante perfeita. Temo esses homens, minha rainha, eu os temo. Afinal, nós não sabemos para onde eles correm, ou quem os está esperando lá.

Hataque, aquartelado perto do Portão do Rei, também me trouxe relatos a cada hora mais ou menos, e minhas criadas e eu nos sentamos em meus aposentos, orando e jejuando. Ele apareceu perto do crepúsculo, o semblante cansado dizendo-me que a luta tinha, finalmente, acabado.

– Quinhentos homens foram abatidos apenas no complexo do palácio, incluindo os dez filhos de Hamã. O mal desta casa está acabado.

– E as mulheres e crianças dos nossos inimigos? – perguntei.

– Elas estão ilesos, e os seus bens terrenos intocados – Hataque respondeu.

Eu me levantei de um salto e abracei-o, gritando de alegria. Nossos inimigos tinham planejado nos arruinar, cortar a garganta de cada criança e até de cada ancião de cabelos brancos, e tomar as nossas posses para si próprios. Mas, quando ao meu povo foi dado o poder total para infligir vingança, o que eles fizeram? Nada mais do que justiça. A mão firme de D'us prevaleceu. O meu povo pode ser confiável com o poder.

Eu sabia o que devia fazer em seguida.

Minhas serviçais e eu bebemos um copo de vinho e esfregamos um óleo doce em nossos rostos para suavizar nossa tez e dar-nos um brilho de regozijo. Quebramos o nosso jejum com uma refeição apressada de tâmaras e pão branco, mas fomos interrompidas, como previsto, por uma convocação para comparecer perante o rei.

Minhas vestes foram preparadas logo cedo pela manhã, e eu estava vestida e pronta para o meu rei antes que a lua alcançasse seu ponto mais alto no céu da noite. Eu ansiava pela convocação para receber um relato detalhado da batalha, e não esperei muito tempo.

O rei tinha um olhar satisfeito quando me aproximei dele.

– Boa rainha Ester – ele me cumprimentou com um sorriso –, considere o que os meus mensageiros me contaram agora mesmo: só em Susã, aqui no complexo do palácio, quinhentos homens que teriam levantado a espada contra o seu povo estão mortos. Os filhos de Hamã jazem caídos na rua, e não existe ninguém com coragem suficiente para enterrá-los. Não há notícias ainda das províncias exteriores, mas pense que não há mais inimigos e alegre-se! Agora, o que mais você quer? Diga e será seu.

Foi um dote sangrento que eu trouxe ao rei, pensei. Meus pensamentos voltaram-se para as cidades de Sodoma e Gomorra: como o mal nelas havia sido suprimido, mas não eliminado, e o juízo final que as arrasou. O mal floresce melhor quando tem lembranças. As lembranças são raízes que dão origem a uma nova criatura. Pouco mais teria importância no futuro se não garantíssemos a paz hoje. Não haveria nenhuma negociação com os nossos inimigos, nenhum resgate. Quando os inimigos estão empenhados em massacrá-lo, você deve matar todos eles. Isso é simples e verdadeiro. Quero acreditar que poderíamos construir a paz com palavras, mas, como esses homens já tinham selado o nosso destino em seus sonhos, devemos selar seus túmulos. Temos de concluir a tarefa vermelha e encerrá-la de uma vez por todas. E vamos enviar uma mensagem para os covardes que fugiram antes do amanhecer.

– Se for do agrado do rei – respondi, voltando agora para a nossa conversa, – deixe os corpos dos dez filhos de Hamã em exposição pública na forca, e deixe que as aves deem cabo deles como puderem. Dê aos judeus que vivem aqui em Susã permissão para estender por outro dia os termos do decreto. Estou com medo de que matar Hamã, e seus filhos, não tenha sido suficiente para dissuadir qualquer um que se atreva a tramar contra você, ou seu trono. A linhagem de Hamã terminou, mas devemos ter certeza de que sua influência está morta também. Talvez D'us ainda me permita reparar a falha que o rei Saul criou há muito tempo.

Levou apenas um momento para convocar os escribas de Susã e ter os avisos gravados, selados e afixados por toda a cidade. Pensei em Mardoqueu e em seu envolvimento com a vingança. A ele agora tinha sido dada a posição de Hamã como Conselheiro-Chefe do rei. Eu ansiava por ouvir os relatos diretamente dele.

60

Noite, décimo terceiro dia do mês de Adar
Décimo terceiro ano do reinado de Xerxes
Ano 3405 após a Criação

Mardoqueu relatou-nos que ontem 75 mil foram mortos em toda província, e em Susã mais trezentos foram mortos hoje. Nem um único judeu morreu em combate. Fiquei chocada com o número de inimigos que os judeus têm nesta terra. E, ainda assim, quantos deles teriam morrido se Xerxes não tivesse permitido que nos defendêssemos? O vento no jardim soa como se estivesse suspirando, e pergunto-me como meu povo se sente sabendo agora quantos foram mortos sobre sua destruição. Em toda a província, os judeus comemoram a vitória e a liberdade, e os que vivem em Susã planejam uma grande festa para amanhã. Sem dúvida, Mardoqueu participará. No jantar de hoje à noite, enquanto bebíamos o vinho real em um aposento que uma vez presenciou um homem festejando quem nos destruiria, Mardoqueu anunciou seu primeiro ato oficial como Conselheiro-Chefe:

"Se for do agrado do rei, e da sua rainha, comunicamos que se escreva a cada judeu, em todas as províncias, que esses dois dias serão para sempre lembrados e comemorados em homenagem aos acontecimentos e à bravura de uma menina órfã. Os dias décimo quarto e décimo quinto do mês de Adar serão destinados a festas e risos, ao envio de presentes aos pobres e também aos vizinhos. Que a segurança da mão de D'us em tempos instáveis seja abençoada para sempre".*

– Está certo, Mardoqueu – Xerxes comentou. – Seu povo é mesmo notável. Eu não conseguiria manter meus soldados afastados da cobiça pelo ouro do inimigo vencido, mas seu povo teve minha bênção para saquear o inimigo, e não o fez. – Xerxes pensou sobre isso por um momento antes de continuar: – Como posso recompensar seu poder de comando, Mardoqueu? Como meu primeiro-ministro, a riqueza de meu reino se encontra diante de você. O que pegaria?

Mardoqueu ergueu as mãos para o rei e balançou a cabeça em negação.

– Uma mulher, então? – Xerxes perguntou. – Uma mulher do meu harém, com experiência adquirida ao longo de um ano antes da apresentação?

Meu primo riu alto. Apesar de julgar a recusa desconcertante, Xerxes riu também.

– Então, uma festa – o rei ordenou. – Uma festa que será tão eterna quanto sua devoção a seu povo, e a Ester. E proclamo que ninguém pagará quaisquer impostos ao trono nesta temporada, e espalharei generosos presentes para as pessoas. Nada cria uma lenda mais rápido do que o som de moedas de ouro no bolso.

---

* O comunicado de Mordecai a todas as províncias torna-se a base para a celebração anual judaica de Purim. A palavra *purim* origina-se da palavra *pur*, uma referência ao dado (então conhecido como *pur*) que Hamã jogou para determinar o dia do massacre dos judeus. Purim celebra o heroísmo de Ester e a vitória judaica sobre os malefícios do genocídio; por isso, Hitler odiava a festa, e também Ester, tão ardentemente.

É claro que nunca houve uma festa da qual Xerxes não tenha gostado, e os comunicados saíram naquela noite. Conforme Xerxes os ditava e selava, resolvi caminhar até a varanda para desfrutar o ar noturno no jardim. Eu resplandecia de orgulho ao ver aqueles dois homens de visão construindo uma nova Pérsia.

A ameaça ao trono desapareceu. As informações de Ciro por meio de um bilhete enviado aos meus eunucos dizem que se rompeu o desejo de nossos inimigos à medida que eles enterram seus mortos. Ele não acredita que qualquer um dos planos de Hamã tenha sobrevivido para lembrar a cobiça pelo trono; ele acredita que a história dos homens que escaparam na madrugada não passe de rumores. De Vasti e Ataxerxes não há informações. Eles retiraram-se para outra terra durante o massacre, e, embora alguns Imortais os tenham acompanhado, tudo permanece calmo e correto desde que partiram.

Enquanto eu testemunhava a noite, as muitas estrelas me fizeram lembrar os vários comunicados lançados durante o reinado de Xerxes: o banquete real, o banimento de Vasti e a regra dos homens, o apelo de Xerxes de que todas as virgens fossem levadas ao harém e, então, a destruição dos judeus. E o mais belo comunicado a meu povo: o direito de reagir e derrotar um inimigo, e a lembrança eterna de meu nome e destes tempos. Começamos a história como um povo angustiado vivendo em terras alheias. Como era possível que agora alcançássemos o apogeu? Eu era uma órfã que não podia atrair o coração de meu primeiro amor no mercado – como havia atraído um rei e governado uma nação?

As estrelas não me davam resposta alguma. D'us parecia silencioso e satisfeito. Virei-me e entrei para junto dos meus homens, que sorriram enquanto eu me aproximava. Talvez, outra noite, refletisse sobre minhas indagações. Hoje é uma noite para o vinho, o amor e a justiça.

61

Décimo segundo dia do mês de Iyyar
Décimo terceiro ano do reinado de Xerxes
Ano 3406 após a Criação

Meu coração mais uma vez encontrou um ritmo constante após os acontecimentos violentos de dias atrás. Eu me acalmei agora, e estou tratando de meus assuntos tão atentamente como em outra época cuidava de minhas rosas. Grande parte do meu tempo tem sido gasto administrando o espólio de Hamã. Ele era um homem rico, com muitos servos e muita terra. Minha primeira preocupação foi a de me certificar de que nenhuma criança ficará sem comida aqui, e de que as meninas nas províncias cresçam tão livres como qualquer flor nas colinas. As mulheres receberam mais poder por minha mão; se um homem maltratar sua esposa, ou abandoná-la, ela tem o direito de sustentar a família e terminar seus dias com conforto. Coloquei os negócios de Hamã aos cuidados das mulheres, com ordens de empregar o maior número de mulheres capazes que se apresentarem. As terras e casas de Hamã são refúgios maravilhosos para mulheres que fogem de um marido cruel, ou crianças que precisam de uma boa refeição. No coração dos homens sei que eles ainda se colocam acima de nós, mas agora também sei que muitas vezes suportamos sozinhas os encargos da vida, e por minha mão, e pela providência de D'us, nenhuma mulher precisa andar sozinha e envergonhada de novo nesta terra.

Mardoqueu passa muitas noites ao lado do rei agora – é de se admirar que eu devesse estar com ciúmes dele como uma garota de harém! Mardoqueu afrouxou as cordas que tornavam desconfortável para o meu povo adorar em público, a fim de, assim, manter seus costumes e seus hábitos. Juntos, os dois homens continuam a forjar o sonho da Pérsia. Mardoqueu já fez muito para modificar o plano de tributação do rei, de modo que todos pagam uma parte proporcional e recebem muito. Xerxes abandonou para sempre, ao que parece, suas campanhas de guerra, e definiu campanhas de construção: estradas, sede de governo, escolas. As pessoas são presenteadas com pedra e tijolos, e os melhores engenheiros das províncias trabalham durante a noite em muitas ocasiões. Acho interessante que Xerxes tenha confiado muito poder ao povo, cada um em sua própria região, e parece estar tudo ajustado para um reino de paz. Os egípcios rolam seus olhos para nós; eles acreditam que pedra deve ser usada somente para o que abriga o eterno, como uma tumba. Xerxes contrapõe que, se a Pérsia for bem governada, ela mesma será imortal.

Durmo bem à noite agora, o doce sono de um trabalhador feliz, pois acredito que meu trabalho mais difícil aqui está terminado. Portanto, posso desfrutar os despojos de minha dor e dos meus esforços, e mais uma vez apreciar os jardins, minhas refeições, meu rei. Sim, às vezes encontro meus pensamentos voltando-se para Ciro fora da porta do meu palácio, mas o incêndio que se hospedou uma vez em meu coração é nada mais que um calor suave, sabendo que ele é verdadeiramente um amigo, como ele teria sido um marido. Não escrevi minha história, mas sou grata por este final. Meu povo está seguro, e muitos mais podem agora começar sua jornada rumo à terra natal sem ser molestados, com o alívio de dias calmos e de esperança para fortalecê-los. E, se alguma vez houver uma menina que clame por uma mãe que não está lá, ela encontrará refúgio sob a minha coroa. Meu nome tornou-se uma árvore que dá sombra aos cansados.*

Estou finalmente livre da agitação que me sobrecarregou por tanto tempo. Tenho mantido o mesmo costume de escrever neste diário nos próprios aposentos do rei à noite, enquanto espero que ele volte da corte, e raramente até mesmo o fecho. Xerxes muitas vezes traz comunicados que seus assessores colocaram à sua frente, e, juntos, discutimos seus méritos, antes que ele aplique seu anel de sinete. O rei acha engraçado eu ter tais instintos para este trabalho e fortes intuições sobre assessores que nunca encontrei.

Houve época que vinha aos aposentos reais somente quando chamada; agora prefiro só sair quando me for solicitado. É muito confortável estar ao lado de Xerxes praticamente todas as noites e acordar apenas com o som de sua respiração e os suaves gritos matutinos dos pombos nos jardins.

* Mulheres de fato prosperaram nessa época. Elas tinham igual remuneração por igual trabalho, controlavam seu próprio dinheiro e casavam-se livremente com muitas proteções legais. Além disso, embora os homens ainda esperassem que suas esposas lhes dessem filhos, a prática de matar bebês do sexo feminino foi abandonada. Mães recentes e mulheres grávidas que optavam por trabalhar eram premiadas com provisões generosas, pagas no momento do nascimento e durante a recuperação pós-parto.

62

Vigésimo sexto dia do mês de Tamuz
Décimo terceiro ano do reinado de Xerxes
*Ano 3408 após a Criação**

Voltei a meus aposentos hoje para um breve descanso do próprio Xerxes. É época da coleta anual de impostos de cada província, e os representantes se reunirão na Sala do Trono para uma elaborada apresentação de lealdade e de presentes à coroa, antes de ter seus próprios impostos contabilizados e entrarem na festa que Xerxes ordenou. É claro que tal evento não é para uma mulher. Assim, um breve descanso será bom para nós dois, pois uma caminhada entre as refeições revigora o apetite.

Entretanto, uma coisa estranha aconteceu hoje, deslocada nesta tranquilidade só porque era uma visão desconhecida. Quando retornei a meus aposentos, encontrei Hashtari

---

* Mais uma vez, aparece uma diferença de datas nos diários. Essa é de aproximadamente três anos, e, dois registros mais tarde, aparece um segundo intervalo de quatro anos. Entretanto, novas evidências sugerem que esse pergaminho em particular foi incluído nas datas que faltam. Alguém removeu uma parte do diário; talvez um contemporâneo que quisesse esconder seu próprio papel nos acontecimentos da vida de Ester, ou então fizeram isso posteriormente, ou por acidente, ou por maldade. A voz de Ester é notável, e nenhum regime, nem sequer nenhum governante, tem sido capaz de silenciá-la.

experimentando minhas vestes e olhando-se no espelho polido. Quando enfim me viu observando-a, profundamente envergonhada, ficou cheia de palavras de remorso. Eu lhe perdoei a indiscrição. Tenho sido descuidada e imprudente vivendo em tal esplendor, e não acho que ela iria invejar-me. Pobre e afetuosa Hashtari. Decidi compartilhar mais da minha riqueza com ela. Nunca houve uma amiga tão fiel e firme em tempos de crise, e eu jamais a recompensei à altura. Mas começarei a fazê-lo.

63

Décimo primeiro dia do mês de Kislev
Décimo terceiro ano do reinado de Xerxes
Ano 3408 após a Criação

Minha alegria incontida de antes é agora atenuada pela verdade cansada de dias sem mudança, já que ainda não estou grávida. Xerxes, talvez, tenha colocado de lado esse sonho, mas é claro que as garotas do harém, bem como as esposas secundárias, proporcionam-lhe herdeiros várias vezes. Na verdade, Ataxerxes, o filho primogênito, continua uma fonte de preocupação na corte.

Então, é uma questão de orgulho que eu ainda anseie carregar uma criança? Serei uma mulher sem valor se ficar estéril? É isso que pensam alguns na corte; sinto os olhares frios quando vou até os aposentos do rei noite após noite. Eles não entendem qual a utilidade de uma mulher que não pode dar nada ao rei. É verdade – não dei um filho a Xerxes para que seu nome fosse perpetuado. Mas dei-lhe um nome que seria perpetuado em razão da honra, e não da infâmia. Tantas vezes eu o impedi de correr para o desastre e abri a ele o coração de um povo estrangeiro. Sim, meu espírito tem feito mais por esse homem do que meu ventre seria capaz. Então, devo sempre desculpar-me pela esterilidade quando estou na corte?

No entanto, é meu ventre que se magoa com o vazio, e ele não pode ser consolado, mesmo com meus grandes feitos.

Implorei a D'us noite e dia, sem entender por que Ele abriria os céus tantas vezes, mas permanece em silêncio em relação a isso, exigindo tanto de minha fé. Caminho por estes imensos salões com a certeza de que governo aqui, mas minha vontade fraqueja. É difícil orar todos os dias, todas as manhãs, para assegurar ao rabino os sacrifícios em meu nome, e não receber palavra alguma em troca, nenhuma bênção. Falhei em minha grande missão, meu Senhor? Por que não me responde e, assim, incita-me à ira? Não seria pecado estar zangada com Você agora, depois que me entregou tanta coisa, e também uma nação inteira por meio de minha ação? Não podemos chegar à paz sobre isso, meu D'us? Você não pode me conceder uma criança e, desse modo, satisfazer esse desejo paralisante? Até quando, oh Senhor, vou ter de esperar? Eu enlouqueço com essas perguntas constantes.

Se não fosse para o conforto dos verdadeiros amigos e a satisfação de um palácio governado pela mão do Senhor, eu não dormiria tão profundamente, e desfrutaria os prazeres que D'us me concede. Posso até mesmo contentar-me com o fato de ser o nome de Xerxes que está registrado nos anais dos historiadores, e não o meu, mas é por minha ação que está nascendo um novo mundo de paz e um governo justo.

Sorri enquanto escrevia essa frase. Algumas vezes, quando estou escrevendo, é como se sentisse o sopro de D'us na página. Não concedi ao rei um herdeiro, e meu ventre continua vazio, mas, por minha ação, a paz finalmente chegou à Pérsia. Dei à luz alguma coisa bela neste mundo; então, não sou mãe? Essa é uma linda resposta às perguntas de meu coração esta noite.

E vou finalizar isto: como uma mãe, eu me preocupo com ela, essa paz tão preciosa. Quando eu me for, o que acontecerá com ela, essa paz da Pérsia?

64

Vigésimo segundo dia do mês de Shevat
Vigésimo ano do reinado de Xerxes
Ano 3412 após a Criação

Ciro está morto.

Há muito poucos detalhes, e Ashtari estava aflita por me contar todos eles. Ela sabia que Ciro era leal a mim, mesmo acima do trono, mas não tinha conhecimento mais nada. Que bondade a dela me proteger do que mais ela devia saber da morte de Ciro. Parece que ele foi atingido quando enfrentou um grupo de homens perto do Portão de Todas as Nações. Provavelmente ladrões, Ashtari contou. Ninguém viu os homens de perto ou pôde dar mais detalhes.

No entanto, a tragédia sempre viaja com sua irmã gêmea. Após a morte de Ciro, seus homens, os homens mais leais a ele durante toda a intriga de Hamã, morreram em um acidente. Eles tinham ido juntos ao templo local, talvez para oferecer sacrifícios a Ahura Mazda pela memória de Ciro, e aliviar sua dor. Juntos, foram para a câmara baixa, um cômodo privado posto à disposição deles pelos Magos em comando. Assim que se reuniram, um canal no aqueduto estourou de repente, enchendo imediatamente a pequena câmara com água. Ninguém sobreviveu. Com efeito, ninguém acima nem sequer ouviu os gritos de socorro. É possível, eu me pergunto, que todos eles tenham morrido em silêncio? Mesmo a morte de Ciro está silenciada pela pequena explicação que Ashtari pôde dar. Ninguém nunca soube o que Ciro foi para mim. Nem mesmo Mardoqueu. Que estranho ser tão importante na minha vida, e tão pouco aos olhos dos outros.

Assim, ele se foi. Há uma grande cicatriz em meu coração, no qual seu nome uma vez foi escrito. Eu o tinha afastado depois de tantas noites na cama de Xerxes, desejando amar o homem que D'us trouxera para mim, e não aquele por quem eu havia ansiado. Eu teria esperado que essa notícia rasgasse a carne do meu coração, mas, embora quisesse sentir uma dor lancinante, invadiu-me apenas uma profunda tristeza. Meu amigo fora embora, e por ele eu iria chorar, ainda que entendesse agora que meu amor tinha morrido havia muitos anos, e eu já não sofria por ele daquela maneira. Oh Ciro, quantos fardos próprios você certamente carregou, sobre os quais eu nada sabia. Éramos estranhos que conheceram tão bem as lembranças um do outro. Desejo que você vá depressa para os braços do eterno D'us, e descanse entre os pais de nosso povo. Você foi verdadeiramente o mais bravo de todos nós, e o único sempre bom em um mundo de tolos. Que D'us o encha agora com o amor que lhe foi negado na terra, seja seu nome abençoado, e possa a mão que o matou ser condenada por toda a eternidade.

65

Quarto dia do mês de Av
Vigésimo segundo ano do reinado de Xerxes
Ano 3414 após a Criação

ACORDEI AO SOM DE UM CHORO nas horas escuras da manhã. Eu havia retornado aos meus próprios aposentos na noite anterior, à espera de que meu ciclo menstrual terminasse. Ashtari chorava sobre minha cama. Olhei alarmada para ver o que a perturbara, mas não havia mais ninguém nos aposentos. Alguma coisa estava deslocada, e a estranha paz agitou meu despertar.

– O que é, Ashtari? – implorei. – O que aconteceu?

Ela só chorava e olhava-me com uma desolação que eu nunca vira antes.

– Sinto muito, minha rainha. Perdoe à sua serva – ela respondeu em tom baixo.

Conforme enxugava os olhos, uma joia deslumbrante, do tamanho do dedo de Ashtari, cintilava até mesmo à luz fraca do luar.

Meu sangue gelou.

– O que você fez? – perguntei-lhe.

Ela balançou a cabeça, e engasgou em suas últimas palavras para mim:

– Vá e veja seu rei. Você deve se apressar antes do fim.

Enquanto me envolvia rapidamente em minhas vestes, ela empurrou uma sacola para minhas mãos. Sem esperar escolta, escancarei a porta do meu aposento, e o corpo de Hegai caiu contra meus pés quando saí.

Ele fora executado com uma espada, as entranhas salientes. Gritei e voei pelos corredores, até chegar finalmente aos aposentos de Xerxes. Não havia guardas na entrada, e ninguém estava assistindo o rei. Era como se todos estivessem mortos.

Xerxes estava deitado, ofegando. Ele deu um sorriso assim que me viu, mas seus olhos começaram a se fechar enquanto eu pegava na mão dele.

– Não, não, Xerxes, você não pode morrer! O que aconteceu? – gritei. – Quem fez isso com você?

Ele virou a cabeça para me ver mais nitidamente, enquanto uma saliva grossa lhe escorria da boca, com odor intenso.

– É tarde demais, Ester? – ele arfou.

Desconcertada, balancei a cabeça e sequei-lhe a testa. Minhas lágrimas caíam contra os lençóis, misturadas ao vômito e ao suor de Xerxes.

Ele tentou novamente:

– Quero D'us. Seu D'us. Mas sou um homem de luxúria, de ídolos.

– Vá para Ele, Xerxes. – Minhas lágrimas caíam muito rápido; era difícil, para mim, conseguir falar, mas sorri para ele, um último sorriso entre amantes. – Eu Lhe contei tudo sobre você. Ele quer que eu lhe conte que tudo será perdoado; apenas vá para casa agora.

Xerxes esforçou-se por uma última respiração e, conforme ele exalava, não me disse nada mais do que uma pergunta:

– Você me amou, minha Estrela?

– Nunca mais do que amo agora, meu bom rei.

E então ele morreu. Sentei-me, vendo a mim mesma alisar as cobertas que o envolviam, e tocar o rosto dele, incapaz de controlar meus movimentos. Era como se alguém movimentasse meus membros para mim. Tive a estranha sensação de não estar lá, de estar em um sonho. Olhei para o chão perto da porta e só então percebi que deixara cair a sacola que Ashtari me entregara; ela estava aberta, e vi meu diário e um pequeno colar. Ele me chamou e, enquanto o olhava silenciosamente, encontrei sua voz, pois era o colar que me foi dado, quando ainda menina, por um amigo do mercado. Eu o usava na manhã em que me pegaram em minha casa para servir no harém. Hashtari havia me enviado com as coisas que me eram mais queridas, as que eu trouxera para este palácio quando ainda era jovem. Vê-los agora se assemelhava a ver um fantasma, aquele que vem à noite, quando os velhos estão morrendo, para lhes segurar a mão rumo à jornada eterna. Um pequeno pedaço de papiro chamou minha atenção, pois não me pertencia. Não era escrito pela minha mão. Segurei-o em direção à luz e o li:

Perdoe-me, Ester, e lembre-se de mim quando for para o seu D'us. Apenas fiz o que devia para comprar minha liberdade deste lugar. Eu lhe servi bem em todos os anos em que esteve aqui. É somente neste final que acho ser necessário traí-la, mas você tem levado uma vida boa e luxuosa.

Você concedeu sua juventude ao rei e foi generosamente recompensada. Eu concedi minha juventude a você e agora espero com as mãos vazias. Você não pode invejar-me por essa breve felicidade diante dos anos que passei na terra. É irônico que uma judia tenha me forçado a viver neste lugar, e agora devo forçar uma judia a me tirar daqui.

Não fique chocada por sua serva saber ler e escrever. Decidi nunca lhe contar, para assim ler seus diários, que me deram acesso a pessoas e lugares aonde uma serva não poderia ir. Eu sabia quem seria por mim, e também quem se oporia. Os homens que fugiram ao amanhecer são meus irmãos, que há muito tempo vieram para Susã a fim de me resgatar, mas também descobriram que tinham de esperar a época mudar. Em outra terra, eles estavam unidos a um aliado poderoso, que chega hoje à noite para voltar ao trono. Não desejo esse mal próximo a você; só desejo que se vá. Sei que você me amava como a uma irmã, e em nome dessa afeição eu lhe concedi um adeus com seu rei. Mas tudo está acabado, e você deve estar pronta para o fim.

Então, assim foi feito. Estranhamente a raiva me deixou, e encontro uma paz aproximando-se de mim, por toda a volta, o que me dá força para perdoar mesmo agora. Eu lhes perdoo. Perdoo, sobretudo, a Hashtari, porque ela me traiu mais que todos. Não sei se os outros, os muitos que serviram neste palácio, estão vivos ou mortos, mas também os abençoarei. Para alguns deles, amados ou ainda traídos, eu não sou diferente? Afinal, parece que entreguei meu coração apenas duas vezes em minha vida, e ambas ocorreram tarde demais. Andamos muito às cegas, uma humanidade que corrompe o eco do divino.

Fugi para o cômodo mais profundo do palácio. Encontrei uma pena e comecei a escrever. Se isso foi realmente uma ação de Artaxerxes, em breve eles virão até mim. Vou morrer estéril, agora eu sei, mas preciso plantar uma semente que dê frutos a uma nova geração.*

---

* A data desse registro parece ser dois anos mais tarde, o que novamente indica uma lacuna nos diários, colocando o assassinato de Xerxes em uma data diferente do que alguns acadêmicos sugerem. O assassinato de Xerxes foi registrado por historiadores reais. Os leitores podem buscar referências no *Texto Babilônico Astronômico*. Entretanto, como havia três culturas diferentes de destaque dentro do império, cada uma delas usando um calendário separado, a data da execução de Xerxes parece à primeira vista diferir nos relatos. Calendários babilônicos, hebraicos e egípcios começaram a registrar um novo reinado depois do próximo ano novo, ainda que cada um tenha marcado o ano novo em um mês diferente. Portanto, as diferenças de datas entre acadêmicos têm sido atribuídas à questão de calendários diferentes. A equipe, incluindo arqueólogos forenses e epigrafistas que têm trabalhado nos Manuscritos do Mar Morto e no ossuário de Tiago, foi contratada para pesquisar as lacunas nos diários; talvez, daqui a alguns anos, tenhamos uma resposta sobre quem removeu partes dele, e por quê.

66

Quarto dia do mês de Av
Ano 3414 após a Criação

Você ouviu a minha história e foi meu companheiro fiel embaixo destas catacumbas escuras do passado enterrado. É claro que todos nós já nos fomos. Minha hora de morrer está sobre mim; minha beleza era, de fato, efêmera. Meu marido, o grande rei Xerxes, está morto também. Houve muita especulação durante o seu reinado acerca de sua morte acontecer pelas mãos dos inimigos. Se ele tivesse visto além de suas taças, talvez soubesse quem eram e qual a melhor forma de impedi-los. Mas o homem cujo apetite tinha governado uma nação finalmente acabou consumido pela morte.

Anseio por lhe dizer mais, e ouvir a sua própria história, mas meu tempo com você chegou ao fim. Minha mão, uma vez tão suave e convicta enquanto escrevia nestas páginas, ficou assustada e vacilante. Duvido que Mardoqueu tenha sobrevivido a esta noite. Meu tempo está realmente acabado. Como sou abençoada para finalmente tirar os fardos de meus ombros, neste mundo de areia e lágrimas, para ver o rosto do Cristo* e colocar a minha tão cobiçada coroa aos pés do Rei dos Reis.

* Os judeus referem-se ao seu esperado Salvador como o Cristo, a tradução grega da palavra que está sendo usada para esta edição. Quando Jesus chegou, cerca de quinhentos anos mais tarde, muitos judeus o reconheceram como o Cristo, e assim Ele ficou conhecido como o Cristo Jesus, ou Jesus Cristo.

Os guardas estão vindo para estes aposentos agora; ouço a movimentação deles no palácio. Vou encontrar um amigo dentre eles para pegar este diário e colocá-lo na tumba dos anciãos aqui na Pérsia. Por ouro, eles traíram a coroa de Xerxes; eles trairão o novo rei e ao outro também. Sua ganância me dá paz, porque sei que, pelo preço certo, meus manuscritos serão levados em segurança. Eu vou dizer-lhes que coloquei um espião entre o povo; se os pergaminhos não forem bem escondidos, o guarda será morto. (É uma mentira, mas confio que serei perdoada.) Abençoarei este diário antes que ele me deixe, meu fiel companheiro de tantos anos, e oro para que um dia ele chegue a outra mulher de destino. Ele não deve ser desperdiçado com mulheres que não têm ouvidos para ouvir o suave chamado de D'us, ou olhos para ver além de suas próprias reflexões. Vou orar para que ninguém encontre esta história, a não ser outra mulher que tenha sido chamada. Oro para abraçar você, minha querida, quando nos encontrarmos nos campos de D'us algum dia. Você me conheceu muito bem nestas páginas. Sorrio por pensar que vou conhecê-la também quando nos encontramos na eternidade.

Agora, o seu próprio tempo chegou: qual é o seu futuro? Por que D'us trouxe você para um tempo como este? Eu me pergunto que mal assomará no seu tempo; dizem que, se você cortar a cabeça de uma cobra, mais duas crescerão em seu lugar. Hamã é apenas pó agora, mas o mal ainda está vivo. A serpente vive para atacar outra mulher, em outro tempo. Oro para que você tenha fé em D'us para o mal desses dias, e amigos fiéis a quem recorrer. Sua influência sobre o mundo será imediata, e eterna.

Agora vá. Vá para o seu futuro. Deixe que a minha história e as palavras das Sagradas Escrituras de D'us lhe deem conforto e força para o que deve ser feito. Quando a sua vitória estiver assegurada, e você levantar uma taça de vinho em seu próprio banquete, olhe para as estrelas e me dê um sorriso. Afinal, quem pode mudar completamente o mundo como uma mulher?**

** Ver comentário na página 324 do anexo.

ANEXOS

COMENTÁRIOS SOBRE OS DIÁRIOS PERDIDOS

M. C. ROSENBLUM,
CURADOR DOS DIÁRIOS PERDIDOS

"AS MULHERES DA BÍBLIA: NOSSAS IRMÃS, NOSSOS EUS"

Visão das mulheres no ciclo de conferências, Boston

18 DE SETEMBRO DE 2004

A rainha Vasti era considerada a mulher mais linda no império, afirmação inconteste, mesmo à luz dos acontecimentos que em breve se revelarão nesta história. Ester necessitará de coragem moral para os dias futuros, mas também de outro tipo de coragem: a crença de que sua beleza é reflexo de inspiração divina. Ester vivia em um mundo que julgava as mulheres exclusivamente pela aparência. Se Ester acredita nos padrões de sua época e julga-se por eles, ela não será capaz de fazer o que está por vir.

O que diferenciava Ester? Apesar de desconhecermos como Mardoqueu a autorizou a enfeitar-se, sabemos que as companheiras dela usavam cosméticos para incrementar a beleza. Gorduras de animais, como leões e crocodilos, eram utilizadas como base de cosméticos e perfumes, pois se acreditava que a força e a beleza desses animais seriam repassadas aos usuários. Tais gorduras, misturadas com cor, assim contornando os olhos e a boca, eram aplicadas assentadas na premissa de que a luz sempre cria reflexos e sombras. Para uma mulher ser atraente, devem-se atrair os olhares para uma particularidade boa e distanciá-los de outra menos atrativa.

Os judeus afirmam que Deus criou Ester com uma abordagem diferente. Companheiras na época usavam cosméticos para manipular a luz ao redor delas. Entretanto, moldada por Deus, Ester nesta história é a luz. Ensina-se que as mulheres são iluminadas internamente pelo poder e pela força de Deus, que as moldou para Sua satisfação. Elas são um reflexo do sobrenatural.

A rainha Vasti foi de fato considerada a mulher mais linda no império. Deus não teria desafiado Ester no futuro. Em vez disso, Ele a tornaria a mulher mais poderosa no império, e uma amada mulher da história. Os judeus acreditam que ela não foi criada para encarnar a moda de seu tempo, mas para refletir a majestade e a providência de um Deus que se movia despercebido através do mundo, até mesmo do mundo esquecido das mulheres.

COMENTÁRIOS SOBRE OS DIÁRIOS PERDIDOS

M. C. ROSENBLUM, CURADOR DOS DIÁRIOS PERDIDOS (CONTINUAÇÃO)

Um dos principais especialistas em comportamento criminoso uma vez disse: "Quando uma garota atingiu a adolescência, ela deixou de ser uma ocasional presa predatória sexual e passou a ser a principal presa predatória sexual".[1]

Sim, o manto da infância havia protegido Ester até agora. Enquanto ela se prepara para ingressar na condição de mulher, precisa também se preparar para novas ameaças. Conforme as meninas amadurecem para se transformar em mulheres, devem enfrentar a ameaça de que alguns homens pretendem prejudicá-las. Preparar uma menina para o pior tipo de perigo, enquanto dá a ela liberdade, é um abismo que a maioria dos pais tem dificuldades de atravessar.

PARA DIVULGAÇÃO IMEDIATA
GABINETE DO SECRETÁRIO DE IMPRENSA
23 DE SETEMBRO DE 2003

PRESIDENTE BUSH DISCURSA NA ASSEMBLEIA DAS NAÇÕES UNIDAS

NAÇÕES UNIDAS
NOVA YORK, NOVA YORK

O presidente,

"Acontecimentos dos últimos dois anos colocam diante de nós a mais evidente das divisões entre: aqueles que buscam a ordem, e aqueles que espalham o caos; aqueles que trabalham para uma mudança pacífica, e aqueles que adotam os métodos de gângsteres; aqueles que honram os direitos dos homens, e aqueles que intencionalmente tiram a vida de homens, mulheres e crianças sem compaixão ou vergonha.

Há uma outra crise humanitária espalhando-se, ainda que escondida. Todos os anos, cerca de 800 a 900 mil seres humanos são comprados, vendidos ou forçados para além das fronteiras do mundo. Entre eles, estão centenas de milhares de garotas adolescentes, e outras tão jovens aos cinco anos, vítimas do comércio sexual, que gera bilhões de dólares a cada ano...

Há um mal específico no abuso e na exploração do mais inocente e vulnerável. As vítimas do comércio sexual veem um pouco da vida antes de ver o pior dela: um submundo de brutalidade e de medo solitário. Aqueles que criam essas vítimas e lucram com seu sofrimento devem ser severamente punidos. Aqueles que frequentam essa indústria rebaixam-se e aprofundam a miséria dos outros. E os governos que toleram esse comércio estão tolerando uma forma de escravidão.

O governo americano está se comprometendo a doar 50 bilhões de dólares em apoio ao trabalho positivo de organizações que estão resgatando mulheres e crianças da exploração, dando-lhes abrigo, tratamento médico e a esperança de uma vida nova. Temos de renovar nossas energias para lutar contra um antigo mal... o tráfico de seres humanos para qualquer fim não deve prosperar em nosso tempo."

M. C. ROSENBLUM, CURADOR DOS DIÁRIOS PERDIDOS (CONTINUAÇÃO)

Ester ingressou, pela primeira vez, em um mundo onde o corpo não é propriedade dela, e ele será julgado, criticado e manipulado a cada dia que ela desperta no harém. Nossa vida moderna não é tão diferente, é? Quando até mesmo a mais linda estrela de cinema é julgada imperfeita para a capa de uma revista se a foto não receber tratamento de retoque, como podemos nos sentir confortáveis com nossas próprias humildes imperfeições?

A história de Ester começa com sua consciência não de sua fantástica beleza, mas de suas imperfeições. Ela crescerá no poder, abraçando todas as imperfeições ao seu redor, de si mesma e dos outros. Portanto, esta é a lição das imperfeições de Ester: quando nos arriscamos a baixar nossa guarda e tirar nossas máscaras, quando permitimos aos outros que vejam nossas fraquezas e defeitos, nós os atraímos. Enviamos a eles um sinal silencioso de que é seguro serem autênticos conosco. O poder não cresce por comparação da nossa beleza com a de outra pessoa, ou na insistência de que nossa força é superior, mas deixando de lado todas as reivindicações.

ANDY STANLEY, AUTOR DE ***VISIONEERING***

Você acorda todos os dias com a circunstância de que não tem nada a ver com você, nem remotamente, a perspectiva de sentir Deus se desenvolvendo em seu interior? Então, você está em boa companhia. José recapitulou sua visão de um calabouço egípcio. Moisés passou anos seguindo ovelhas. David, o rei adolescente, passou anos escondendo-se em cavernas. E Neemias foi o copeiro do rei, cujos ancestrais haviam destruído a cidade, e ele ansiava por reconstruí-la. Encoraje-se. Deus mantém você lá por uma razão... Acho que o tempo necessário para Deus crescer na visão de vida que você tem está em algum ponto entre quatro meses e quarenta anos... Parece haver uma correlação entre o tempo de preparação e a magnitude da tarefa.[2]

M. C. ROSENBLUM, CURADOR DOS DIÁRIOS PERDIDOS (CONTINUAÇÃO)

Ester não tinha nenhum poder político ou pessoal sobre o seu destino. Sua única moeda de troca era conceber uma criança, preferencialmente um menino. Carregar um filho do rei lhe garantiria melhores acomodações no harém das esposas e tratamento especial para o resto e seus dias. Na verdade, o trabalho de Ester era tornar-se tão exuberante que o rei desejaria dormir com ela várias vezes, desse modo aumentando sua chance de engravidar. A sexualidade de Ester centrou-se em dois objetivos: agradar ao homem e conceber uma criança. A fertilidade, literalmente adorada na época, representava um meio para um fim.

A mensagem para Ester e suas companheiras era que a chave para a felicidade estava em seduzir um homem, pois uma mulher sedutora tinha mais chances de ter filhos, e certamente as mulheres que viravam mães eram muito mais felizes.

Para nós, irmãs modernas de Ester, a equação sexo-para-gerar-crianças é quase completamente inversa à dela própria. A geração de Ester acolheu o sexo com o homem certo porque isso lhes oferecia uma oportunidade de engravidarem, e a maternidade dava a elas ascensão social e econômica. Mas, hoje, a mensagem para as mulheres é que elas evitem a gravidez, para que possam fazer sexo com muitos parceiros, pois certamente as mulheres que agem assim são muito mais felizes.

Ester ousou ir contra os ditames gritantes da cultura, pois não via sua sexualidade como uma mercadoria que poderia lhe dar uma vida melhor. Ela estava emocionalmente isolada das promessas do harém e do rei. E acreditava que nada nem ninguém lhe ofereceria qualquer coisa que não viesse primeiro e melhor das mãos de seu Deus Todo-Poderoso. A cultura de Ester não definiu seu comportamento, nem sua necessidade devastadora de proteção e provimento. Ela era uma mulher escravizada que, no entanto, estava completamente livre. Apenas quando nos atrevemos a ajustar nosso rosto contra os ventos de nossa cultura, a escolher o caminho mais difícil, nossos nomes são lembrados e celebrados por todas as gerações.

TRECHO DO DISCURSO PARA A ESCOLA PREPARATÓRIA SANTOS INOCENTES

M. C. ROSENBLUM,
CURADOR DOS DIÁRIOS PERDIDOS

DALLAS, TEXAS
12 DE NOVEMBRO DE 2004

Olhe a seu redor. Não lhe parece que as garotas de hoje, como Ester, vivem em um harém? Elas têm mais liberdade de movimento, mas os padrões e as expectativas são diferentes? Toda garota quer chamar a atenção de um "rei". Toda garota está oferecendo suas mercadorias e olhando as outras com um olhar cauteloso. E, como as mulheres do harém de Ester, elas têm certeza de que, se pudessem chamar a atenção desse rei inatingível, seriam levadas para uma vida e um lugar melhores.

Todas as outras mulheres levaram algo de valor aos aposentos de Xerxes para ser usado durante a apresentação delas, ou a comida favorita do rei, ou uma dança exótica, com acessórios sedutores, que haviam aprendido, ou um tesouro da terra onde nasceram. Ester levou apenas a si mesma como o melhor presente que poderia oferecer. Mas não iria se deitar na cama do rei sonhando com o que isso significaria para ela no futuro. Ela sabia que esse rei nada tinha no palácio, ou tesouros, a lhe oferecer em troca de sua pureza. Isso foi um presente muito dispendioso, mesmo para as vastas somas de riqueza que ele detinha.

Ester levou-se em honra e recebeu mais. Honra gera mais honra. As garotas que honraram a sedução como seu único trunfo tiveram apenas sexo. Ester valorizou a si mesma, e a seu Deus acima de tudo, e recebeu o reino e o rei.

DISCURSO PARA A CONVENÇÃO DAS MULHERES PARA A DESCOBERTA DA LIBERDADE: SOLUÇÕES SOCIOECONÔMICAS PARA MULHERES

M. C. ROSENBLUM, CURADOR
DOS DIÁRIOS PERDIDOS

SAN DIEGO, CA
6 DE OUTUBRO DE 2004

Enquanto eu via pés e mãos, algo irracional aconteceu: uma vida orientada para direitos maternos sobre os direitos fetais deu uma guinada para fora dos eixos? Alguma voz do núcleo mais primitivo de meu cérebro – a voz das espécies? – disse:

– Você precisa proteger aquela mãozinha a todo custo. Nenhum mal pode afetá-la, nem sequer a sua proprietária. Aquela mãozinha, aquela pequena assinatura humana, importa mais agora do que você. – A mensagem estava desprovida de qualquer ambivalência.[3]

Essas são as palavras de uma mulher firmemente pró-aborto, enquanto ela descreve a primeira vez em que viu uma imagem de ultrassom de seu primeiro filho. Ela chama isso de "experiência irracional", ou seja, a percepção de que um bebê que ainda não nasceu tenha de fato mais prioridade do que ela havia imaginado.

Agora pense em uma farmácia de qualquer lugar dos Estados Unidos, na qual o corredor de planejamento familiar é uma fileira sobrecarregada de produtos. Se você não consegue encontrar aquilo de que gosta, pode obter uma prescrição para qualquer coisa que queria ali dos balcões. Cremes, pílulas, diafragmas, DIUs, esponjas, preservativos, adesivos, injeções – isso sem falar de todos os procedimentos cirúrgicos disponíveis em qualquer hospital e clínica próximos. Pela primeira vez na história do mundo ocidental, as escolhas de uma mulher são ilimitadas. Podemos determinar nosso comportamento, controlar muitas das consequências previsíveis e não temer mais condenação. Podemos escolher quando nos tornaremos sexualmente ativas, e com quem. Podemos escolher entre a fidelidade no casamento e os casos amorosos. Podemos escolher qualquer método para impedir ou estimular a concepção.

Ester e suas companheiras não tinham escolha. Elas jamais teriam "parceiros", elas permaneceriam com um homem, seu marido, que seria escolhido para elas. A contracepção era limitada, mais notavelmente, fezes de crocodilo apinhadas como um método contraceptivo de barreira.

O real debate hoje não é sobre nossas escolhas; é sobre nossa honra. A luta pelo direito das mulheres nos deu muita coisa, mas ainda não nos convocou para nossa maior glória. Nossas vitórias ameaçam nos despejar da honra, para parecermos dispostas a aceitar a responsabilidade por nossas escolhas. Estamos tornando-nos menos do que fomos criadas para ser. Temos perseguido os direitos das mulheres até que eles viraram os caprichos das mulheres. Não devemos permitir que nossas escolhas encubram a indulgência; nossas escolhas podem nos conduzir à integridade, e esta, à honra.

MULHERES E TERROR: UMA NOVA COMPREENSÃO DA GUERRA

M. C. ROSENBLUM,
CURADOR DOS DIÁRIOS PERDIDOS

Em função de guerras e ataques terroristas ceifando a vida de civis, o interesse civil e o envolvimento nas estratégias de paz são mais intensos do que foram em qualquer geração anterior. Guerra ganhou uma conotação bastante pessoal, reivindicando a vida de inocentes em restaurantes, parques e no transporte público.

No entanto, assim como o terrorismo é uma guerra decorrente da ação de indivíduos, também a paz está tornando-se o trabalho de indivíduos.

Mulheres em particular são eficazes na produção da paz. Acostumadas a serem ignoradas na dominante política de guerra, as mulheres estão empregando estratégias alternativas, ferramentas e métodos que reprimam o ódio e a violência.

Mulheres têm convivido com o terrorismo de um modo profundamente pessoal, sendo sempre forçadas a considerar os riscos inerentes em estacionamentos escuros, ruas vazias e caminhadas solitárias em certos bairros. Terrorismo na forma de estupro, violência e ataques pessoais tem definido como vivem as mulheres desde o momento em que nascem. Agora que a conscientização do terrorismo tornou-se uma questão de caráter internacional, as mulheres estão extraordinariamente qualificadas para propor soluções.

E as soluções femininas tendem a ser imediatas, práticas e independentes da agência governamental. A política jamais protegeu uma mulher em um beco escuro, e a paz nunca durou tanto tempo quanto o coração humano é capaz de abrigar o ódio. Mulheres compreendem a realidade impessoal do ódio e da violência, a ausência total de lógica por trás de atos de terrorismo, e o perigoso e difícil trabalho que a paz envolve. Mulheres na mesa de negociações podem ser a melhor esperança que temos de acabar com a violência que destroçou famílias e deixou cidades arrasadas.

M. C. ROSENBLUM, CURADOR
DOS DIÁRIOS PERDIDOS (CONTINUAÇÃO)

"[Sabedoria] Matou animais para a refeição, preparou seu vinho e arrumou sua mesa", está escrito em Provérbios 9:2. Neles, a sabedoria é personificada como uma mulher, e aqui a vemos ajeitando a mesa para uma festa. Você pode argumentar que é a clássica prefiguração na Bíblia, uma vez que escreveram Provérbios aproximadamente trezentos anos antes de Ester viver. Vamos nos concentrar na mensagem.

Jesus ensinou a seus discípulos a verdade fundamental sobre a vida: se você é fiel às pequenas coisas, merece confiança em coisas ainda maiores. É tão fácil querer saltar para a grandeza sem ter feito toda a base preliminar. Talvez, aqui neste momento, você esteja ensaiando para a grandeza, testando para ver se já sabe como usar as pequenas coisas que Deus lhe confiou?

Você poderia argumentar que a Ester foram confiadas somente as menores das coisas: roupas, maquiagem, joias, confinada em um palácio para atender aos caprichos de um rei pagão. E, na véspera do maior genocídio judeu que o mundo tinha presenciado até então, ela não abandonou o que lhe havia sido dado. Ela não clamou aos céus por bens além dos que já possuía; ela clamou por aquilo que já tinha, pedindo que fosse o bastante.

Ela organizou um jantar. Arrumou-se. Passou um pouco de perfume e colocou a joia. É isso que ela possuía; é isso que ela usou. E estava prestes a se tornar uma das mais extraordinárias mulheres da história.

Quando você está frustrado com sua situação, quando sente que está sendo impedido, talvez Deus o esteja mantendo assim porque Ele não quer que você negligencie as pequenas coisas. Abraham Lincoln uma vez disse: "As portas da história se movimentam sobre pequenas dobradiças". Seu trabalho hoje é abraçar o insignificante; aceitar a vida mesmo quando ela parece caminhar em câmera lenta. Preste atenção ao mundano e aos humildes. Eles podem ser seu maior patrimônio quando lhe for revelado seu próprio momento divino da verdade.

COMENTÁRIOS SOBRE OS DIÁRIOS PERDIDOS

M. C. ROSENBLUM, CURADOR
DOS DIÁRIOS PERDIDOS (CONTINUAÇÃO)

Ninguém sabe como Ester ou Mardoqueu morreram. O rei Xerxes foi sepultado em um túmulo esculpido em uma montanha, fora de Persépolis, junto a seu pai, Dario. Pouco se sabe também que fim levaram as mulheres do harém, ou as muitas esposas do rei. Uma popular lenda iraniana diz que Ester e Mardoqueu foram sepultados juntos na cidade de Hamadan. Peregrinos religiosos e turistas visitam o local quase que diariamente, para prestar tributo ao herói caído e à heroína.

Embora o rei Xerxes tenha sido assassinado, acadêmicos debatem se as evidências apontam para Artaxerxes, seu filho, como o assassino. Ironicamente, Artaxerxes foi envenenado, assim como os filhos dele. Artaxerxes assumiu o trono, porém jamais reviveu a glória do império do pai; na verdade, foi em seu reinado que o Império Persa começou o período de declínio. Surgiram revoltas e insurreições e, enquanto Artaxerxes e seus sucessores se ocupavam com a defesa do reino, ouviam-se a distância os ruídos dos cascos de cavalos, e o período de Alexandre, o Grande, rapidamente se aproximava.

Posfácio

... um pouco mais...

Quando um encantador concerto chega ao fim,
A orquestra pode oferecer um bis.
Quando uma bela refeição chega ao fim,
é sempre bom saborear um pouco de sobremesa.
Quando uma grande história chega ao fim,
Imaginamos que você talvez queira protelá-la,
e, assim, oferecemos...

Posfácio – apenas um pouco mais depois de
você ter terminado este romance.
Convidamos você, leitor, a permanecer mais
algum tempo na história.
Obrigado por ler!

Vire a página para...

Uma espiadinha
P&R
Notas

Uma espiadinha na série

Os amores perdidos
Livro 2

VOCÊ QUE HESITA, ABANDONE TODAS AS ILUSÕES.
– ABBA KOVNER

Prólogo

Ele viu o espírito apenas por pouco tempo, um vislumbre do cabelo escuro e do corpo ligeiro movendo-se silenciosamente através da floresta. Ele sabia que estava lá antes mesmo de vê-lo. Os pelos em seus braços se eriçaram, e ele levantou a mão para os homens que o seguiam, os quais pararam prontamente os cavalos. Pássaros gritaram acima deles, e macacos escaparam dos galhos mais baixos para os elevados, alguns arremessando frutas contra os homens. Um leão rugiu, e eles podiam ouvir as passadas do animal. Então, prenderam a respiração até saberem que ele se movia para outro lado.

Quando as passadas do leão se tornaram mais rápidas e mais fracas, ele soube que o espírito havia chegado. Os homens desavisados se inclinaram e pegaram a fruta, rindo daqueles que haviam conseguido fazê-lo usando muito rapidamente suas espadas. Foi quando ele viu o espírito, o arco preso firmemente contra a corda feita de intestino de animal, deslizando entre as árvores à frente dele. Ela ergueu a cabeça para sentir o aroma do vento e deixar a flecha voar. Então, correu.

Ele pulou de seu cavalo e correu atrás dela. A floresta não se assemelhava em nada ao seu lar, e ele tropeçou e caiu conforme as videiras se prendiam aos seus tornozelos e os galhos lhe batiam no rosto. Ele tentou se mover mais rápido e saltar mais alto, mas a floresta havia destruído muitos homens impetuosos, e ela prevaleceu novamente. Ofegante, ele se inclinou contra uma árvore.

Ele tinha ouvido que na terra do norte adoravam uma deusa que caçava e matava, e, em seguida, amava e concebia; no entanto, jamais imaginara que ela seduziria um homem com tanta perfeição à primeira vista. A magia dela tecia caminho pela carne dele, mordendo e cavando, devorando lembranças mais débeis de amor e promessas feitas. Ele ergueu a mão e olhou-a, enquanto as folhas acima se afastavam devido à brisa, permitindo a visão do sol.

A pele dele estava intocada. Ele estava inalterado.

– Nossos corpos mentem até que a idade os obrigue a dizer a verdade – ele sussurrou. – Mantenha, então, esse segredo afastado dos meus homens, de modo que eu não seja considerado um tolo.

Ele cambaleou de volta aos homens, dilacerado e sangrando, e retomou a jornada ao norte.

***

Naquela noite, ele dormiu próximo ao fogo, e o nevoeiro da floresta caiu sobre os homens conforme eles montavam acampamento, cobrindo-os de modo selvagem, como a mãe amarga que acolhe e adverte na mesma carícia. A escuridão estava viva lá. Olhos piscavam por trás das árvores. Gargantas se abriam e cantavam. Passos surgiam pelas videiras e das madeiras mortas conforme as criaturas se aproximavam para cheirar as pessoas e os cavalos, que resfolegavam e circulavam.

Uma espessa infusão foi distribuída entre o grupo, um elixir que eles chamavam de cura da sela, devido à sua poderosa magia, fazendo um cansado explorador de trilhas dormir em minutos e acalmando músculos doloridos. Na manhã seguinte, eles se sentiriam pior por bebê-la, mas nenhum homem na selva pensava no amanhã. Os leões que se moviam na vegetação rasteira próxima lembravam a eles que talvez não houvesse necessidade.

Então Acabe se fixou o mais próximo da fogueira e deixou os outros homens ficarem com os cantos externos do acampamento para dormir. Ele sentiu algumas faíscas muito próximas e as afastou. Acabe preferiria sofrer algumas chamuscadas pequenas a uma mordida maior. Viver como um rei significava ponderar que a dor deve ter preferência. Acabe crescera vendo seu pai ser devorado por pequenas guerras políticas, mesmo enquanto esmagava os exércitos. O rei Omri estava morto havia duas semanas, e Acabe sabia que o mundo mudara. As guerras por conquistas de novas terras acabaram; agora, os homens morreriam por ouro… e somente por ouro. Sua primeira atitude ousada como o guerreiro rei de Israel seria amanhã, quando ele iria reivindicar uma noiva que não queria.

Ele tinha ido a muitas dessas viagens com seu pai para conquistar terras e povos. Era uma questão simples: quem atacasse primeiro e de modo mais duro vencia. A espada era insensível a temperamentos e caprichos. Política e guerra assemelhavam-se, e nenhuma das duas dava espaço para o desejo; tudo era vencido e permeado pelo poder. E era assim nessa expedição. A princesa seria concedida como um acordo entre os reinos, e estes se uniriam contra os brutais assírios, tão inquietos ao longo da fronteira do país de Acabe, os quais iriam guerrear pelas rotas comerciais na região central.

Acabe não estava satisfeito em tomar uma esposa. Ele tinha um harém de mulheres que poderia chamar para atendê-lo, e então ficar em silêncio. Uma esposa era um fardo com o qual ele não estava preparado para lidar; afinal, que argumentos poderiam ser resolvidos com a espada? Ele vivia para o sangue, não para o amor. Mas essa mulher era um custo necessário. Acabe cuspiu no fogo ao pensar nisso, um gesto perdido, pois as chamas nem sequer piscaram. Então, ele suspirou e virou-se.

Já era tarde da noite quando as faíscas lhe chamuscaram os braços. A primeira foi tão fraca que a mente de Acabe apenas a percebeu e ele voltou a dormir. O calor da fogueira, ainda que afastasse os insetos noturnos, elevou-se demais para que ele dormisse de roupas, e então ele dormiu nu, cobrindo apenas o essencial com a manta. Faíscas lançavam-se e cutucavam a pele firme dos braços e do peito do jovem. Finalmente ele se sentou a contragosto, conformado por se afastar da fogueira.

O fogo virara apenas brasas. Não havia faíscas.

Então Acabe ouviu uma risada branda brotando da garganta de alguém, e buscou sua espada. Uma mão disparou da escuridão e segurou a dele. A criatura, engatinhando, aproximou-se e sorriu. Acabe congelou. Os olhos dela eram grandes buracos negros; os lábios, escuros e nitidamente delineados, embora carnudos no meio. E ela era linda. O luar fazia sua pálida pele oliva brilhar como mármore polido, e ele imaginou se ela retornaria pela manhã. A deusa rastejou pela poeira e pelas cinzas, e então largou a flecha que havia usado para despertá-lo.

Ele recuou, segurando a respiração e colocando a manta onde era subitamente necessário. Os longos dedos dela se moveram pela face de Acabe, e ela fechou os olhos quando o jovem lhe tocou a boca. Em seguida, respirou profundamente e então o olhou. Puxando uma faca de seu lado, ela a segurou no rosto dele. Acabe não se mexeu. Nenhum homem no acampamento fazia qualquer som além de roncar e se mover. Ela soltou a mão e rastejou para mais perto, de modo que os joelhos ficassem contra os quadris de Acabe. Então, ergueu um pedaço do cabelo dele e o cortou, voltando a faca para a cintura e guardando os cabelos em uma sacola ao lado dele. Ela o olhou novamente e esperou. Sem piscar.

Ele se lembrou de um sonho que tivera uma vez, quando ainda garoto, em que caía de um lugar muito seguro para um poço profundo e gelado, onde ninguém podia ouvi-lo. Acabe se lembrou de como cada pedra que passava, conforme ele caía na escuridão, marcava a queda. Quando acordou no dia seguinte, mesmo percebendo que havia apenas caído da cama enquanto dormia, chorou. E limpou as lágrimas vigorosamente para que seu servo Obadias não tivesse nada a relatar ao pai severo no café da manhã.

Mas agora ele caiu e não era um sonho. Ele moveu as mãos para as costas pequenas dela e sentiu a estrutura forte; então, deslocando as mãos das costas para os ombros, puxou o rosto para ele. Acabe viu as linhas da boca se separarem em um sorriso, e a beijou. Firmando-a, sentiu-a soltar um suspiro suave. Engoliu em seco e beijou-a de novo, e então a puxou para cima dele. Mas ela deslizou e fugiu de volta para a escuridão, como um pequeno pássaro canoro que somente precisava de um instante de distração para escapar.

Acabe deitou-se sobre a terra e chorou.

P&R

COM GINGER GARRET

P: Por que você incluiu *A escolha: os diários perdidos da rainha Ester* na série "Amores perdidos da Bíblia"?

R: Optei por inserir os diários na série "Amores Perdidos" pelo potencial de amar que Ester perdeu.

No momento em que Ester foi escolhida para o harém, seja lá o que se esperava que ela tivesse em seu futuro, acabou perdendo o coração e a família. Ela se tornou uma esposa no meio de milhares; perdeu a liberdade e a dignidade no tratamento que recebeu.

Entretanto, Ester está antecipando a história de Cristo, que nos diz que a rendição a nossos próprios desejos e planos levará a bênçãos inimagináveis, e a um transbordamento de bondade na vida dos outros. A perda pela qual Ester passou, bem como sua submissão a uma virada cruel dos acontecimentos, resultou na salvação de um povo. Milhares de judeus foram salvos ao longo de toda a história devido aos sacrifícios dela.

P: Quais são os outros livros da série "Amores perdidos da Bíblia"?

R: Serão mais dois romances: as narrativas de Jezabel e Dalila, ambas bastante negligenciadas pela história, retratadas como vilãs superficiais, sem qualquer compreensão de quem eram e por que agiram daquele modo. As histórias das duas são mais pungentes e perturbadoras do que aquilo que jamais imaginamos.

P: Será que você completará a série "Serpent Moon" (Serpente da lua)?

R: Como recebo essa pergunta diariamente por meio de e-mail dos leitores, deduzi que teria de responder a ela aqui também.

Dark Hour (Hora sombria) começou com o que era para ser uma trilogia de mulheres perversas na Bíblia. No entanto, devido a circunstâncias bem além do meu controle, precisei interromper meu trabalho na série, enquanto se resolviam alguns acontecimentos.

Enquanto não volto para a trilogia, retornarei ao meu desejo de contar as histórias de duas mulheres épicas da Bíblia: Jezabel e Dalila, cujas histórias, paixões e amores que perderam me compelem a concluir o trabalho. É apropriado que as histórias dessas mulheres sejam contadas sem o estigma de ser uma série sobre mulheres bíblicas perversas. Enquanto não superarmos esse rótulo e virmos o coração delas, não poderemos compreender as lições que elas nos sussurravam ao longo das gerações que nos separam.

NOTAS

1 BECKER, Gavin de. *Protecting the Gift: Keeping Children and Teenagers Safe (and Parents Sane)*. New York: Random House, 1999, 30-33.

2 STANLEY, Andy. *Visioneering: God's Blueprint for Developing and Maintaining Personal Vision*. Sisters, Oregon: Multnomah, 1999, 24.

3 WOLF, Naomi. *Misconceptions: Truth, Lies, and the Unexpected on the Journey to Motherhood*. New York: Doubleday, 2001, 28.

FONTE: Adobe Garamond Pro
IMPRESSÃO: Paym